Suhrkamp BasisBibliothek 11

Der zweite Brecht-Band in der »Suhrkamp BasisBibliothek – Arbeitstexte für Schule und Studium« ist dem meistgelesenen seiner Stücke gewidmet. Allein als Taschenbuch in der »edition suhrkamp« hat es eine Auflage (seit 1964) von fast drei Millionen Exemplaren erreicht.
Die vorliegende Ausgabe bietet neben dem Stücktext mit Kurzerläuterungen in der Marginalie eine Zeittafel zum Dreißigjährigen Krieg, eine Zeittafel zur Entstehungsgeschichte des Stücks, der Inszenierungen und zum Film. Außerdem gibt es die Vorlage, Johann Ludvig Runebergs Ballade von »Lotta Svärd«, Dokumente der zeitgenössischen Wirkung (Uraufführung in Zürich von 1941, Brechts Berliner Erstaufführung von 1949), brechtsche Selbstaussagen und Reaktionen auf die Wirkung, weitere Literaturhinweise sowie ausführliche Wort- und Sacherläuterungen.
Zu diesem Band der Suhrkamp BasisBibliothek ist im Cornelsen Verlag ein Hörbuch und eine CD-ROM erschienen. Weitere Informationen erhalten Sie unter www.cornelsen.de.
Wolfgang Jeske, geboren 1951, arbeitet als Lektor mit dem Schwerpunkt Brecht im Suhrkamp Verlag. Er ist Herausgeber mehrerer Brecht-Editionen, u. a. »Brechts Romane«, »Tagebuch No. 10. 1913«, »Reisen im Exil«, »Die unwürdige Greisin und andere Geschichten«.

Bertolt Brecht
Mutter Courage und ihre Kinder

Eine Chronik aus dem Dreißigjährigen Krieg

Mit einem Kommentar
von Wolfgang Jeske

Suhrkamp

Der vorliegende Text folgt der Ausgabe:
Bertolt Brecht, Werke.
Große kommentierte Berliner und Frankfurter Ausgabe,
hg. v. Werner Hecht, Jan Knopf, Werner Mittenzwei und
Klaus-Detlef Müller.
Band 6, Stücke 6, bearb. v. Klaus-Detlef Müller.
Frankfurt am Main: Suhrkamp Verlag 1989, S. 7–86.

Originalausgabe
Suhrkamp BasisBibliothek 11
Erste Auflage 1999

Satz: pagina GmbH, Tübingen
Druck: Ebner & Spiegel, Ulm
Umschlagabbildung: Konrad Reßler / Münchner Stadtmuseum
Umschlaggestaltung: Hermann Michels
Printed in Germany

ISBN 3-518-18811-9

6 7 8 9 – 09 08 07 06

Inhalt

Mutter Courage und ihre Kinder

Eine ⌜Chronik⌝ aus dem ⌜Dreißigjährigen Krieg⌝

Redaktion: ⌜Elisabeth Hauptmann⌝

»Mutter ⌜Courage⌝ und ihre Kinder«, geschrieben in Skandinavien ⌜vor dem Ausbruch des zweiten Weltkrieges⌝, ist der ⌜20. Versuch⌝. Eine Musik hierzu komponierte ⌜Paul Dessau⌝.

Personen

Mutter Courage · Kattrin, ihre stumme Tochter · Eilif, der ältere Sohn · Schweizerkas, der jüngere Sohn · Der Werber · Der Feldwebel · Der Koch · Der Feldhauptmann · Der Feldprediger · Der Zeugmeister · Yvette Pottier · Der mit der Binde · Ein anderer Feldwebel · Der alte Obrist · Ein Schreiber · Ein junger Soldat · Ein älterer Soldat · Ein Bauer · Die Bauersfrau · Der junge Mann · Die alte Frau · Ein anderer Bauer · Die Bäuerin · Ein junger Bauer · Der Fähnrich · Soldaten · Eine Stimme

1

Frühjahr 1624. Der ⌜Feldhauptmann Oxenstjerna⌝ wirbt in ⌜Dalarne⌝ Truppen für den ⌜Feldzug in Polen⌝. Der Marketenderin* Anna Fierling, bekannt unter dem Namen Mutter Courage, kommt ein Sohn abhanden.

Händlerin

Landstraße in Stadtnähe. Ein Feldwebel und ein Werber stehen frierend.

DER WERBER Wie soll man sich hier eine Mannschaft zusammenlesen? Feldwebel, ich denk schon mitunter an Selbstmord. Bis zum zwölften soll ich dem Feldhauptmann vier Fähnlein* hinstelln, und die Leut hier herum sind so voll Bosheit, daß ich keine Nacht mehr schlaf. Hab ich endlich einen aufgetrieben, und schon durch die Finger gesehn und mich nix wissen gemacht, daß er eine Hühnerbrust hat und Krampfadern, ich hab ihn glücklich besoffen, er hat schon unterschrieben, ich zahl nur noch den Schnaps, er tritt aus, ich hinterher zur Tür, weil mir was schwant: Richtig, weg ist er, wie die Laus unterm Kratzen. Da gibts kein Manneswort, kein Treu und Glauben, kein Ehrgefühl. Ich hab hier mein Vertrauen in die Menschheit verloren, Feldwebel.

Truppenteil (ca. 300 Mann) der Landsknechtheere unter einer Fahne

DER FELDWEBEL Man merkts, hier ist zu lang kein Krieg gewesen. Wo soll da Moral herkommen, frag ich? Frieden, das ist nur Schlamperei, erst der Krieg schafft Ordnung. Die Menschheit schießt ins Kraut im Frieden. Mit Mensch und Vieh wird herumgesaut, als wärs gar nix. Jeder frißt, was er will, einen Ranken* Käs aufs Weißbrot und dann noch eine Scheibe Speck auf den Käs. Wie viele junge Leut und gute Gäul diese Stadt da vorn hat, weiß kein Mensch, es ist niemals gezählt worden. Ich bin in Gegenden gekommen, wo kein Krieg war vielleicht

unförmiges Stück

siebzig Jahr, da hatten die Leut überhaupt noch keine Namen, die kannten sich selber nicht. Nur wo Krieg ist, gibts ordentliche Listen und Registraturen, kommt das Schuhzeug in Ballen und das Korn in Säck, wird Mensch und Vieh sauber gezählt und weggebracht, weil man eben weiß: Ohne Ordnung kein Krieg!

DER WERBER Wie richtig das ist!

DER FELDWEBEL Wie alles Gute ist auch der Krieg am Anfang halt schwer zu machen. Wenn er dann erst floriert, ist er auch zäh; dann schrecken die Leut zurück vorm Frieden, wie die Würfler vorm Aufhören, weil dann müssens zählen, was sie verloren haben. Aber zuerst schreckens zurück vorm Krieg. Er ist ihnen was Neues.

DER WERBER Du, da kommt ein Planwagen. Zwei Weiber und zwei junge Burschen. Halt die Alte auf, Feldwebel. Wenn das wieder nix ist, stell ich mich nicht weiter in den Aprilwind hin, das sag ich dir.

Man hört eine Maultrommel. Von zwei jungen Burschen gezogen, rollt ein Planwagen heran. Auf ihm sitzen Mutter Courage und ihre stumme Tochter Kattrin.

MUTTER COURAGE Guten Morgen, Herr Feldwebel!

DER FELDWEBEL *sich in den Weg stellend:* Guten Morgen, ihr Leut! Wer seid ihr?

MUTTER COURAGE Geschäftsleut. *Singt.*

Ihr Hauptleut, laßt die Trommel ruhen
Und laßt eur Fußvolk halten an:
Mutter Courage, die kommt mit Schuhen
In denen es besser laufen kann.
Mit seinen Läusen und Getieren
Bagage*, Kanone und Gespann –
Soll es euch in die Schlacht marschieren
So will es gute Schuhe han.
  Das Frühjahr kommt. Wach auf, du Christ!
  Der Schnee schmilzt weg. Die Toten ruhn.

Hier: Gepäck-, Verpflegungstross

Und was noch nicht gestorben ist
Das macht sich auf die Socken nun.

Ihr Hauptleut, eure Leut marschieren
Euch ohne Wurst nicht in den Tod.
Laßt die Courage sie erst kurieren
Mit Wein von Leibs- und Geistesnot.
Kanonen auf die leeren Mägen
Ihr Hauptleut, das ist nicht gesund.
Doch sind sie satt, habt meinen Segen
Und führt sie in den Höllenschlund.
Das Frühjahr kommt. Wach auf, du Christ!
Der Schnee schmilzt weg. Die Toten ruhn.
Und was noch nicht gestorben ist
Das macht sich auf die Socken nun.

DER FELDWEBEL Halt, wohin gehört ihr, Bagage*?

Hier als Schimpfwort: Gesindel, Pack

DER ÄLTERE SOHN ⌜Zweites Finnisches Regiment.⌝

DER FELDWEBEL Wo sind eure Papiere?

MUTTER COURAGE Papiere?

JÜNGERER SOHN Das ist doch die Mutter Courage!

DER FELDWEBEL Nie von gehört. Warum heißt sie Courage?

MUTTER COURAGE Courage heiß ich, weil ich den Ruin gefürchtet hab, Feldwebel, und bin durch das ⌜Geschützfeuer von Riga⌝ gefahrn mit fünfzig Brotlaib im Wagen. Sie waren schon angeschimmelt, es war höchste Zeit, ich hab keine Wahl gehabt.

DER FELDWEBEL Keine Witze, du. Wo sind die Papiere!

MUTTER COURAGE *aus einer Zinnbüchse einen Haufen Papiere kramend und herunterkletternd:* Das sind alle meine Papiere, Feldwebel. Da ist ein ganzes Meßbuch* dabei, aus Altötting*, zum Einschlagen von Gurken, und eine Landkarte von Mähren, weiß Gott, ob ich da je hinkomm, sonst ist sie für die Katz, und hier stehts besie-

Altarbuch für die Messe

Wallfahrtsort in Bayern

Vgl. 40,15

eingegangen

gelt, daß mein Schimmel* nicht die Maul- und Klauenseuch hat, leider ist er uns umgestanden*, er hat fünfzehn Gulden gekostet, aber nicht mich, Gott sei Dank. Ist das genug Papier?

DER FELDWEBEL Willst du mich auf den Arm nehmen? Ich werd dir deine Frechheit austreiben. Du weißt, daß du eine Lizenz haben mußt.

MUTTER COURAGE Reden Sie anständig mit mir und erzählen Sie nicht meinen halbwüchsigen Kindern, daß ich Sie auf den Arm nehmen will, das gehört sich nicht, ich hab nix mit Ihnen. Meine Lizenz beim Zweiten Regiment ist mein anständiges Gesicht, und wenn Sie es nicht lesen können, kann ich nicht helfen. Einen Stempel laß ich mir nicht draufsetzen.

DER WERBER Feldwebel, ich spür einen unbotmäßigen Geist heraus bei der Person. Im Lager da brauchen wir Zucht.

MUTTER COURAGE Ich dacht Würst.

DER FELDWEBEL Name.

MUTTER COURAGE Anna Fierling.

DER FELDWEBEL Also dann heißts ihr alle Fierling?

MUTTER COURAGE Wieso? Ich heiß Fierling. Die nicht.

DER FELDWEBEL Ich denk, das sind alles Kinder von dir?

MUTTER COURAGE Sind auch, aber heißen sie deshalb alle gleich? *Auf den älteren Sohn deutend.* Der zum Beispiel heißt Eilif Nojocki, warum, sein Vater hat immer behauptet, er heißt Kojocki oder Mojocki. Der Junge hat ihn noch gut im Gedächtnis, nur, das war ein anderer, den er im Gedächtnis hat, ein Franzos mit einem Spitzbart. Aber sonst hat er vom Vater die Intelligenz geerbt; der konnt einem Bauern die Hos vom Hintern wegziehn, ohne daß der was gemerkt hat. Und so hat eben jedes von uns seinen Namen.

DER FELDWEBEL Was, jedes einen anderen?

MUTTER COURAGE Sie tun grad, als ob Sie das nicht kennten.

DER FELDWEBEL Dann ist der wohl ein Chineser? *Auf den Jüngeren deutend.*

MUTTER COURAGE Falsch geraten. Ein Schweizer.

DER FELDWEBEL Nach dem Franzosen?

MUTTER COURAGE Nach was für einem Franzosen? Ich weiß von keinem Franzosen. Bringen Sies nicht durcheinander, sonst stehn wir am Abend noch da. Ein Schweizer, heißt aber Fejos, ein Name, der nix mit seinem Vater zu tun hat. Der hieß ganz anders und war Festungsbaumeister, nur versoffen.

Schweizerkas nickt strahlend, und auch die stumme Kattrin amüsiert sich.

DER FELDWEBEL Wie kann er da Fejos heißen?

MUTTER COURAGE Ich will Sie nicht beleidigen, aber Phantasie haben Sie nicht viel. Er heißt natürlich Fejos, weil, als er kam, war ich mit einem Ungarn, dem wars gleich, er hatte schon den Nierenschwund, obwohl er nie einen Tropfen angerührt hat, ein sehr redlicher Mensch. Der Junge ist nach ihm geraten.

DER FELDWEBEL Aber er war doch gar nicht der Vater?

MUTTER COURAGE Aber nach ihm ist er geraten. Ich heiß ihn Schweizerkas, warum, er ist gut im Wagenziehen. *Auf ihre Tochter deutend.* Die heißt Kattrin Haupt, eine halbe Deutsche.

DER FELDWEBEL Eine nette Familie, muß ich sagen.

MUTTER COURAGE Ja, ich bin durch die ganze Welt gekommen mit meinem Planwagen.

DER FELDWEBEL Das wird alles aufgeschrieben. *Er schreibt auf.*

DER WERBER Ihr solltet lieber ⌜Jakob Ochs und Esau Ochs⌝ heißen, weil ihr doch den Wagen zieht. Aus dem Gespann kommt ihr wohl nie heraus?

EILIF Mutter, darf ich ihm aufs Maul hauen? Ich möcht gern.

MUTTER COURAGE Und ich untersags dir, du bleibst stehn.

Und jetzt, meine Herren Offizier, brauchens nicht eine gute Pistolen, oder eine Schnall, die Ihre ist schon abgewetzt, Herr Feldwebel.

DER FELDWEBEL Ich brauch was andres. Ich seh, die Burschen sind wie die Birken gewachsen, runde Brustkästen, stämmige Haxen: warum drückt sich das vom Heeresdienst, möcht ich wissen?

MUTTER COURAGE *schnell:* Nicht zu machen, Feldwebel. Meine Kinder sind nicht für das Kriegshandwerk.

DER WERBER Aber warum nicht? Das bringt Gewinn und bringt Ruhm. Stiefelverramschen ist Weibersache. *Zu Eilif:* Tritt einmal vor, laß dich anfühlen, ob du Muskeln hast oder ein Hühnchen bist.

MUTTER COURAGE Ein Hühnchen ist er. Wenn einer ihn streng anschaut, möcht er umfallen.

DER WERBER Und ein Kalb dabei erschlagen, wenn eins neben ihm stünd. *Er will ihn wegführen.*

MUTTER COURAGE Willst du ihn wohl in Ruhe lassen? Der ist nix für euch.

DER WERBER Er hat mich grob beleidigt, und von meinem Mund als einem Maul geredet. Wir zwei gehen dort ins Feld und tragen die Sach aus unter uns Männern.

EILIF Sei ruhig. Ich besorgs ihm, Mutter.

Taugenichts

MUTTER COURAGE Stehen bleibst du. Du Haderlump*! Ich kenn dich, nix wie raufen. Ein Messer hat er im Stiefel, stechen tut er.

DER WERBER Ich ziehs ihm aus wie einen Milchzahn, komm, Bürschchen.

Oberst

MUTTER COURAGE Herr Feldwebel, ich sags dem Obristen*. Der steckt euch ins Loch. Der Leutnant ist ein Freier meiner Tochter.

DER FELDWEBEL Keine Gewalt, Bruder. *Zu Mutter Courage:* Was hast du gegen den Heeresdienst? War sein Vater nicht Soldat? Und ist anständig gefallen? Das hast du selber gesagt.

MUTTER COURAGE Er ist ein ganzes Kind. Ihr wollt ihn mir zur Schlachtbank führen, ich kenn euch. Ihr kriegt fünf Gulden für ihn.

DER WERBER Zunächst kriegt er eine schöne Kappe und Stulpenstiefel, nicht?

EILIF Nicht von dir.

MUTTER COURAGE Komm, geh mit angeln, sagte der Fischer zum Wurm. *Zum Schweizerkas:* Lauf weg und schrei, die wollen deinen Bruder stehlen. *Sie zieht ein Messer.* Probierts nur und stehlt ihn. Ich stech euch nieder, Lumpen. Ich werds euch geben, Krieg mit ihm führen! Wir verkaufen ehrlich Leinen und Schinken und sind friedliche Leut.

DER FELDWEBEL Das sieht man an deinem Messer, wie friedlich ihr seid. Überhaupt sollst du dich schämen, gib das Messer weg, Vettel*! Vorher hast du eingestanden, du lebst vom Krieg, denn wie willst du sonst leben, von was? Aber wie soll Krieg sein, wenn es keine Soldaten gibt?

unordentliche (alte) Frau, Schlampe

MUTTER COURAGE Das müssen nicht meine sein.

DER FELDWEBEL So, den Butzen* soll dein Krieg fressen, und die Birne soll er ausspucken! Deine Brut soll dir fett werden vom Krieg, und ihm gezinst wird nicht. Er kann schauen, wie er zu seine Sach kommt, wie? Heißt dich Courage, he? Und fürchtest den Krieg, deinen Brotgeber? Deine Söhn fürchten ihn nicht, das weiß ich von ihnen.

Kerngehäuse

EILIF Ich fürcht kein Krieg.

DER FELDWEBEL Und warum auch? Schaut mich an: ist mir das Soldatenlos schlecht bekommen? Ich war mit siebzehn dabei.

MUTTER COURAGE Du bist noch nicht siebzig.

DER FELDWEBEL Ich kanns erwarten.

MUTTER COURAGE Ja, unterm Boden vielleicht.

DER FELDWEBEL Willst du mich beleidigen, und sagst, ich sterb?

MUTTER COURAGE Und wenns die Wahrheit ist? Wenn ich seh, daß du gezeichnet bist? Wenn du dreinschaust wie eine Leich auf Urlaub, he?

Gabe, Zukünftiges vorauszusehen

SCHWEIZERKAS Sie hat das Zweite Gesicht*, das sagen alle. Sie sagt die Zukunft voraus.

DER WERBER Dann sag doch mal dem Herrn Feldwebel die Zukunft voraus, es möcht ihn amüsieren.

DER FELDWEBEL Ich halt nix davon.

MUTTER COURAGE Gib den Helm.

Er gibt ihn ihr.

DER FELDWEBEL Das bedeutet nicht so viel wie ins Gras scheißen. Nur daß ich was zum Lachen hab.

MUTTER COURAGE *nimmt einen Pergamentbogen und zerreißt ihn:* Eilif, Schweizerkas und Kattrin, so möchten wir alle zerrissen werden, wenn wir uns in'n Krieg zu tief einlassen täten. *Zum Feldwebel:* Ich werds Ihnen ausnahmsweis gratis machen. Ich mal ein schwarzes Kreuz auf den Zettel. Schwarz ist der Tod.

SCHWEIZERKAS Und den anderen läßt sie leer, siehst du?

MUTTER COURAGE Da falt ich sie zusammen, und jetzt schüttel ich sie durcheinander. Wie wir alle gemischt sind, von Mutterleib an, und jetzt ziehst du und weißt Bescheid.

Der Feldwebel zögert.

DER WERBER *zu Eilif:* Ich nehm nicht jeden, ich bin bekannt für wählerisch, aber du hast ein Feuer, das mich angenehm berührt.

DER FELDWEBEL *im Helm fischend:* Blödheit! Nix als ein Augenauswischen.

SCHWEIZERKAS Ein schwarzes Kreuz hat er gezogen. Hin geht er.

einschüchtern

DER WERBER Laß du dich nicht ins Bockshorn jagen*, für jeden ist keine Kugel gegossen.

DER FELDWEBEL *heiser:* Du hast mich beschissen.

MUTTER COURAGE Das hast du dich selber an dem Tag, wo

du Soldat geworden bist. Und jetzt fahrn wir weiter, es ist nicht alle Tag Krieg, ich muß mich tummeln.

DER FELDWEBEL Hölle und Teufel, ich laß mich von dir nicht anschmieren. Deinen Bankert* nehmen wir mit, der wird uns Soldat.

uneheliches Kind (auf der Bank gezeugt)

EILIF Ich möchts schon werden, Mutter.

MUTTER COURAGE Das Maul hältst du, du finnischer Teufel.

EILIF Der Schweizerkas will jetzt auch Soldat werden.

MUTTER COURAGE Das ist mir was Neues. Ich werd euch auch das Los ziehen lassen müssen, euch alle drei. *Sie läuft nach hinten, auf Zettel Kreuze zu malen.*

DER WERBER *zu Eilif:* Es ist gegen uns gesagt worden, daß es ⌜fromm zugeht im schwedischen Lager⌝, aber das ist üble Nachred, damit man uns schadet. Gesungen wird nur am Sonntag, eine Stroph! und nur, wenn einer eine Stimm hat.

MUTTER COURAGE *kommt zurück mit den Zetteln im Helm des Feldwebels:* Möchten ihrer Mutter weglaufen, die Teufel, und in den Krieg wie die Kälber zum Salz. Aber ich werd die Zettel befragen, und da werden sie schon sehen, daß die Welt kein ⌜Freudental⌝ ist, mit »Komm mit, Sohn, wir brauchen noch Feldhauptleut«. Feldwebel, ich hab wegen ihnen die größten Befürchtungen, sie möchten mir nicht durch den Krieg kommen. Sie haben schreckliche Eigenschaften, alle drei. *Sie streckt Eilif den Helm hin.* Da, fisch dir dein Los raus. *Er fischt, faltet auf. Sie entreißt es ihm.* Da hast dus, ein Kreuz! Oh, ich ⌜unglückliche Mutter, ich schmerzensreiche Gebärerin⌝. Er stirbt? Im Lenz des Lebens muß er dahin. Wenn er ein Soldat wird, muß er ins Gras beißen, das ist klar. Er ist zu kühn, nach seinem Vater. Und wenn er nicht klug ist, geht er den Weg des Fleisches*, der Zettel beweist es. *Sie herrscht ihn an.* Wirst du klug sein?

den Weg in Verderben und Tod; vgl. 1. Mose 6, 12–13

EILIF Warum nicht?

MUTTER COURAGE Klug ist, wenn du bei deiner Mutter bleibst, und wenn sie dich verhöhnen und ein Hühnchen schimpfen, lachst du nur.

DER WERBER Wenn du dir in die Hosen machst, werd ich mich an deinen Bruder halten.

MUTTER COURAGE Ich hab dir geheißen, du sollst lachen. Lach! Und jetzt fisch du, Schweizerkas. Bei dir fürcht ich weniger, du bist redlich. *Er fischt im Helm.* Oh, warum schaust du so sonderbar auf den Zettel? Bestimmt ist er leer. Es kann nicht sein, daß da ein Kreuz drauf steht. Dich soll ich doch nicht verlieren. *Sie nimmt den Zettel.* Ein Kreuz? Auch er! Sollte das etwa sein, weil er so einfältig ist? Oh, Schweizerkas, du sinkst auch dahin, wenn du nicht ganz und gar redlich bist allezeit, wie ichs dir gelehrt hab von Kindesbeinen an, und mir das Wechselgeld zurückbringst vom Brotkaufen. Nur dann kannst du dich retten. Schau her, Feldwebel, obs nicht ein schwarzes Kreuz ist?

DER FELDWEBEL Ein Kreuz ists. Ich versteh nicht, daß ich eins gezogen hab. Ich halt mich immer hinten. *Zum Werber:* Sie treibt keinen Schwindel. Es trifft ihre eigenen auch.

SCHWEIZERKAS Mich triffts auch. Aber ich laß mirs gesagt sein.

MUTTER COURAGE *zu Kattrin:* Und jetzt bleibst mir nur noch du sicher, du bist selber ein Kreuz: du hast ein gutes Herz. *Sie hält ihr den Helm zum Wagen hoch, nimmt aber selber den Zettel heraus.* Ich möcht schier verzweifeln. Das kann nicht stimmen, vielleicht hab ich einen Fehler gemacht beim Mischen. Sei nicht zu gutmütig, Kattrin, seis nie mehr, ein Kreuz steht auch über deinem Weg. Halt dich immer recht still, das kann nicht schwer sein, wo du doch ⌜stumm geboren⌝ bist. So, jetzt wißt ihr. Seid alle vorsichtig, ihr habts nötig. Und jetzt steigen wir auf und fahren weiter. *Sie gibt dem Feldwebel seinen Helm zurück und besteigt den Wagen.*

DER WERBER *zum Feldwebel:* Mach was!

DER FELDWEBEL Ich fühl mich gar nicht wohl.

DER WERBER Vielleicht hast du dich schon verkühlt, wie du den Helm weggegeben hast im Wind. Verwickel sie in einen Handel. *Laut.* Du kannst dir die Schnalle ja wenigstens anschauen, Feldwebel. Die guten Leut leben vom Geschäft, nicht? He, ihr, der Feldwebel will die Schnalle kaufen!

MUTTER COURAGE Einen halben Gulden. Wert ist so eine Schnall zwei Gulden. *Sie klettert wieder vom Wagen.*

DER FELDWEBEL Sie ist nicht neu. Da ist so ein Wind, ich muß sie in Ruh studieren. *Er geht mit der Schnalle hinter den Wagen.*

MUTTER COURAGE Ich finds nicht zugig.

DER FELDWEBEL Vielleicht ist sie einen halben Gulden wert, es ist Silber.

MUTTER COURAGE *geht zu ihm hinter den Wagen:* Es sind solide sechs Unzen.

DER WERBER *zu Eilif:* Und dann heben wir einen unter Männern. Ich hab ⌜Handgeld⌝ bei mir, komm.

Eilif steht unschlüssig.

MUTTER COURAGE Dann ein halber Gulden.

DER FELDWEBEL Ich verstehs nicht. Immer halt ich mich dahint. Einen sichereren Platz, als wenn du Feldwebel bist, gibts nicht. Da kannst du die andern vorschicken, daß sie sich Ruhm erwerben. Mein ganzes Mittag ist mir versaut. Ich weiß genau, nix werd ich hinunterbringen.

MUTTER COURAGE So sollst du dirs nicht zu Herzen nehmen, daß du nicht mehr essen kannst. Halt dich nur dahint. Da, nimm einen Schluck Schnaps, Mann. *Sie gibt ihm zu trinken.*

DER WERBER *hat Eilif untern Arm genommen und zieht ihn nach hinten mit sich fort:* Zehn Gulden auf die Hand, und ein mutiger Mensch bist du und kämpfst für den König, und die Weiber reißen sich um dich. Und mich darfst du in die Fresse hauen, weil ich dich beleidigt hab. *Beide ab.*

Die stumme Kattrin springt vom Wagen und stößt rauhe Laute aus.

MUTTER COURAGE Gleich, Kattrin, gleich. Der Herr Feldwebel zahlt noch. *Beißt in den halben Gulden.* Ich bin mißtrauisch gegen jedes Geld. Ich bin ein gebranntes Kind, Feldwebel. Aber die Münz ist gut. Und jetzt fahrn wir weiter. Wo ist der Eilif?

SCHWEIZERKAS Der ist mitm Werber weg.

MUTTER COURAGE *steht ganz still, dann:* Du einfältiger Mensch. *Zu Kattrin:* Ich weiß, du kannst nicht reden, du bist unschuldig.

DER FELDWEBEL Kannst selber einen Schluck nehmen, Mutter. So geht es eben. Soldat ist nicht das Schlechteste. Du willst vom Krieg leben, aber dich und die Deinen willst du draußen halten, wie?

MUTTER COURAGE Jetzt mußt du mit deinem Bruder ziehn, Kattrin.

Die beiden, Bruder und Schwester, spannen sich vor den Wagen und ziehen an. Mutter Courage geht nebenher. Der Wagen rollt weiter.

DER FELDWEBEL *nachblickend:*

Will vom Krieg leben
Wird ihm wohl müssen auch was geben.

2

In den Jahren 1625 und 26 zieht Mutter Courage im Troß der schwedischen Heere durch Polen. Vor der ⌜Festung Wallhof⌝ trifft sie ihren Sohn wieder. – Glücklicher Verkauf eines Kapauns* und große Tage des kühnen Sohnes.

kastrierter Masthahn

Das Zelt des Feldhauptmanns. Daneben die Küche. Kanonendonner. Der Koch streitet sich mit Mutter Courage, die einen Kapaun verkaufen will.

DER KOCH Sechzig Heller für einen so jämmerlichen Vogel?

MUTTER COURAGE Jämmerlicher Vogel? Dieses fette Vieh? Dafür soll ein Feldhauptmann, wo verfressen ist bis dorthinaus, weh Ihnen, wenn Sie nix zum Mittag haben, nicht sechzig Hellerchen zahlen können?

DER KOCH Solche krieg ich ein Dutzend für zehn Heller gleich ums Eck.

MUTTER COURAGE Was, so einen Kapaun wollen Sie gleich ums Eck kriegen? Wo Belagerung ist und also ein Hunger, daß die Schwarten krachen. Eine Feldratt kriegen Sie vielleicht, vielleicht sag ich, weil die aufgefressen sind, fünf Mann hoch sind sie einen halben Tag hinter einer hungrigen Feldratt her. Fünfzig Heller für einen riesigen Kapaun bei Belagerung!

DER KOCH Wir werden doch nicht belagert, sondern die andern. Wir sind die Belagerer, das muß in Ihren Kopf endlich hinein.

MUTTER COURAGE Aber zu fressen haben wir auch nix, ja weniger als die in der Stadt drin. Die haben doch alles hineingeschleppt. Die leben in Saus und Braus, hör ich. Aber wir! Ich war bei die Bauern, sie haben nix.

DER KOCH Sie haben. Sie versteckens.

MUTTER COURAGE *triumphierend:* Sie haben nicht. Sie sind ruiniert, das ist, was sie sind. Sie nagen am Hungertuch. Ich hab welche gesehn, die graben die Wurzeln aus vor Hunger, die schlecken sich die Finger nach einem gekochten Lederriemen. So steht es. Und ich hab einen Kapaun und soll ihn für vierzig Heller ablassen.

DER KOCH Für dreißig, nicht für vierzig. Ich hab gesagt für dreißig.

MUTTER COURAGE Sie, das ist kein gewöhnlicher Kapaun. Das war ein so talentiertes Vieh, hör ich, daß es nur gefressen hat, wenn sie ihm Musik aufgespielt haben, und es hat einen Leibmarsch gehabt. Es hat rechnen können, so intelligent war es. Und da solln vierzig Heller zu viel sein? Der Feldhauptmann wird Ihnen den Kopf abreißen, wenn nix aufm Tisch steht.

DER KOCH Sehen Sie, was ich mach? *Er nimmt ein Stück Rindfleisch und setzt das Messer dran.* Da hab ich ein Stück Rindfleisch, das brat ich. Ich geb Ihnen eine letzte Bedenkzeit.

MUTTER COURAGE Braten Sies nur. Das ist vom vorigen Jahr.

DER KOCH Das ist von gestern abend, da ist der Ochs noch herumgelaufen, ich hab ihn persönlich gesehn.

MUTTER COURAGE Dann muß er schon bei Lebzeiten gestunken haben.

DER KOCH Ich kochs fünf Stunden lang, wenns sein muß, ich will sehn, obs da noch hart ist. *Er schneidet hinein.*

MUTTER COURAGE Nehmens viel Pfeffer, daß der Herr Feldhauptmann den Gestank nicht riecht.

Ins Zelt treten der Feldhauptmann, ein Feldprediger und Eilif.

DER FELDHAUPTMANN *Eilif auf die Schulter schlagend:* Nun, mein Sohn, herein mit dir zu deinem Feldhauptmann und setz dich zu meiner Rechten. Denn du hast eine Heldentat vollbracht, als frommer Reiter, und für

Gott getan, was du getan hast, in einem ⌜Glaubenskrieg⌝, das rechne ich dir besonders hoch an, mit einer goldenen Armspang, sobald ich die Stadt hab. Wir sind gekommen, ihnen ihre Seelen zu retten, und was tun sie, als unverschämte und verdreckte Saubauern? Uns ihr Vieh wegtreiben! Aber ihren Pfaffen schieben sies vorn und hinten rein, aber du hast ihnen Mores* gelehrt. Da schenk ich dir eine Kanne Roten ein, das trinken wir beide aus auf einen Hupp! *Sie tun es.* Der Feldprediger kriegt einen Dreck, der ist fromm. Und was willst du zu Mittag, mein Herz?

*Sitten, Benehmen

EILIF Einen Fetzen Fleisch, warum nicht?

DER FELDHAUPTMANN Koch, Fleisch!

DER KOCH Und dann bringt er sich noch Gäst mit, wo nix da is.

Mutter Courage bringt ihn zum Schweigen, da sie lauschen will.

EILIF Bauernschinden macht hungrig.

MUTTER COURAGE Jesus, das ist mein Eilif.

DER KOCH Wer?

MUTTER COURAGE Mein Ältester. Zwei Jahr hab ich ihn aus den Augen verloren, ist mir gestohlen worden auf der Straß und muß in hoher Gunst stehen, wenn ihn der Feldhauptmann zum Essen einlädt, und was hast du zum Essen? Nix! Hast du gehört, was er als Gast gern speisen will: Fleisch! Laß dir gut raten, nimm jetzt auf der Stell den Kapaun, er kost einen Gulden.

DER FELDHAUPTMANN *hat sich mit Eilif und dem Feldprediger gesetzt und brüllt:* Zu essen, Lamb, du Kochbestie, sonst erschlag ich dich.

DER KOCH Gib her, zum Teufel, du Erpresserin.

MUTTER COURAGE Ich dacht, es ist ein jämmerlicher Vogel.

DER KOCH Jämmerlich, her gib ihn, es ist ein Sündenpreis, fünfzig Heller.

MUTTER COURAGE Ich sag einen Gulden. Für meinen Ältesten, den lieben Gast vom Herrn Feldhauptmann, ist mir nix zu teuer.

DER KOCH Dann aber rupf ihn wenigstens, bis ich ein Feuer mach.

MUTTER COURAGE *setzt sich, den Kapaun zu rupfen:* Was mag der für ein Gesicht machen, wenn er mich sieht. Er ist mein kühner und kluger Sohn. Ich hab noch einen dummen, der aber redlich ist. Die Tochter ist nix. Wenigstens red sie nicht, das ist schon etwas.

DER FELDHAUPTMANN Trink noch einen, mein Sohn, das ist mein Lieblingsfalerner*, ich hab nur noch ein Faß davon oder zwei, höchstens, aber das ists mir wert, daß ich seh, es gibt noch einen echten Glauben in meinem Heerhaufen. Und der Seelenhirt schaut wieder zu, weil er predigt nur, und wies gemacht werden soll, weiß er nicht. Und jetzt, mein Sohn Eilif, bericht uns genauer, wie fein du die Bauern geschlenkt* und die zwanzig Rinder gefangen hast. Hoffentlich sind sie bald da.

Wein aus der Gegend von Falerno, Nord-Campanien

hintergangen

EILIF In einem Tag oder zwei höchstens.

MUTTER COURAGE Das ist rücksichtsvoll von meinem Eilif, daß er die Ochsen erst morgen eintreibt, sonst hättet ihr meinen Kapaun überhaupt nicht mehr gegrüßt.

EILIF Also, das war so: ich hab erfahren, daß die Bauern unter der Hand, in der Nacht hauptsächlich, ihre versteckten Ochsen aus den Wäldern in ein bestimmtes Holz getrieben haben. Da wollten die von der Stadt sie abholen. Ich hab sie ruhig ihre Ochsen eintreiben lassen, die, dacht ich, finden sie leichter als ich. Meine Leut habe ich glustig* auf das Fleisch gemacht, hab ihnen zwei Tag lang die schmale Ration noch gekürzt, daß ihnen das Wasser im Maul zusammengelaufen ist, wenn sie bloß ein Wort gehört haben, das mit Fl angeht, wie Fluß.

gierig

DER FELDHAUPTMANN Das war klug von dir.

EILIF Vielleicht. Alles andere war eine Kleinigkeit. Nur daß die Bauern Knüppel gehabt haben und dreimal so viele waren wie wir und einen mörderischen Überfall auf uns gemacht haben. Vier haben mich in ein Gestrüpp gedrängt und mir mein Eisen aus der Hand gehaun und gerufen: Ergib dich! Was tun, denk ich, die machen aus mir Hackfleisch.

DER FELDHAUPTMANN Was hast getan?

EILIF Ich hab gelacht.

DER FELDHAUPTMANN Was hast?

EILIF Gelacht. So ist ein Gespräch draus geworden. Ich verleg mich gleich aufs Handeln und sag: zwanzig Gulden für den Ochsen ist mir zu viel. Ich biet fünfzehn. Als wollt ich zahlen. Sie sind verdutzt und kratzen sich die Köpf. Sofort bück ich mich nach meinem Eisen und hau sie zusammen. Not kennt kein Gebot, nicht?

DER FELDHAUPTMANN Was sagst du dazu, Seelenhirt?

DER FELDPREDIGER Streng genommen, in der Bibel steht der Satz nicht, aber ⌜unser Herr hat aus fünf Broten fünfhundert herzaubern können⌝, da war eben keine Not, und da konnt er auch verlangen, ⌜daß man seinen Nächsten liebt⌝, denn man war satt. Heutzutage ist das anders.

DER FELDHAUPTMANN *lacht:* Ganz anders. Jetzt kriegst du doch einen Schluck, du ⌜Pharisäer⌝. *Zu Eilif:* Zusammengehauen hast du sie, so ists recht, damit meine braven Leut ein gutes Stückl zwischen die Zähn kriegen. Heißts nicht in der Schrift: ⌜Was du dem geringsten von meinen Brüdern getan hast, hast du mir getan?⌝ Und was hast du ihnen getan? Eine gute Mahlzeit von Ochsenfleisch hast du ihnen verschafft, denn schimmliges Brot sind sie nicht gewöhnt, sondern früher haben sie sich in der Sturmhaub* ihre kalten Schalen von Semmel und Wein hergericht, vor sie für Gott gestritten haben.

leichter Helm

EILIF Ja, sofort bück ich mich nach meinem Eisen und hau sie zusammen.

DER FELDHAUPTMANN In dir steckt ⌜ein junger Cäsar⌝. Du solltest den König* sehn.

Gustav Adolf

EILIF Ich hab von weitem. Er hat was Lichtes. Ihn möcht ich mir zum Vorbild nehmen.

DER FELDHAUPTMANN Du hast schon was von ihm. Ich schätz mir einen solchen Soldaten wie dich, Eilif, einen mutigen. So einen behandel ich wie meinen eigenen Sohn. *Er führt ihn zur Landkarte.* Schau dir die Lage an, Eilif; da brauchts noch viel.

MUTTER COURAGE *die zugehört hat und jetzt zornig ihren Kapaun rupft:* Das muß ein sehr schlechter Feldhauptmann sein.

DER KOCH Ein verfressener, aber warum ein schlechter?

MUTTER COURAGE Weil er mutige Soldaten braucht, darum. Wenn er einen guten Feldzugsplan machen könnt, wozu bräucht er da so mutige Soldaten? Gewöhnliche täten ausreichen. Überhaupt, wenn es wo so große Tugenden gibt, das beweist, daß da etwas faul ist.

DER KOCH Ich dacht, es beweist, daß etwas gut ist.

MUTTER COURAGE Nein, daß etwas faul ist. Warum, wenn ein Feldhauptmann oder König recht dumm ist und er führt seine Leut in die Scheißgass, dann brauchts Todesmut bei den Leuten, auch eine Tugend. Wenn er zu geizig ist und zu wenig Soldaten anwirbt, dann müssen sie lauter ⌜Herkulesse⌝ sein. Und wenn er ein Schlamper ist und kümmert sich um nix, dann müssen sie klug wie die Schlangen sein, sonst sind sie hin. So brauchts auch die ganz besondere Treue, wenn er ihnen immer zuviel zumutet. Lauter Tugenden, die ein ordentliches Land und ein guter König und Feldhauptmann nicht brauchen. ⌜In einem guten Land brauchts keine Tugenden⌝, alle können ganz gewöhnlich sein, mittelgescheit und meinetwegen Feiglinge.

DER FELDHAUPTMANN Ich wett, dein Vater war ein Soldat.

EILIF Ein großer, hör ich. Meine Mutter hat mich gewarnt deshalb. Da kann ich ein Lied.

DER FELDHAUPTMANN Sings uns! *Brüllend.* Wirds bald mit dem Essen!

EILIF Es heißt: ⌜Das Lied vom Weib und dem Soldaten⌝. *Er singt es, einen Kriegstanz mit dem Säbel tanzend.*

Das Schießgewehr schießt, und das Spießmesser spießt
Und das Wasser frißt auf, die drin waten.
Was könnt ihr gegen Eis? Bleib weg, 's ist nicht weis!
Sagte das Weib zum Soldaten.
Doch der Soldat mit der Kugel im Lauf
Hörte die Trommel und lachte darauf:
Marschieren kann nimmermehr schaden!
Hinab nach dem Süden, nach dem Norden hinauf
Und das Messer fängt er mit Händen auf!
Sagten zum Weib die Soldaten.

Ach, bitter bereut, wer des Weisen Rat scheut
Und vom Alter sich nicht läßt beraten.
Ach, zu hoch nicht hinaus! Es geht übel aus!
Sagte das Weib zum Soldaten.
Doch der Soldat mit dem Messer im Gurt
Lacht ihr kalt ins Gesicht und ging über die Furt
Was konnte das Wasser ihm schaden?
Wenn weiß der Mond überm Schindeldach steht
Kommen wir wieder, nimms auf ins Gebet!
Sagten zum Weib die Soldaten.

MUTTER COURAGE *in der Küche singt weiter, mit dem Löffel einen Topf schlagend:*
Ihr vergeht wie der Rauch! Und die Wärme geht auch
Denn uns wärmen nicht eure Taten!
Ach, wie schnell geht der Rauch! Gott behüte ihn auch!
Sagte das Weib vom Soldaten.

EILIF Was ist das?

MUTTER COURAGE *singt weiter:*

Und der Soldat mit dem Messer am Gurt
Sank hin mit dem Spieß, und mit riß ihn die Furt
Und das Wasser fraß auf, die drin waten.
Kühl stand der Mond überm Schindeldach weiß
Doch der Soldat trieb hinab mit dem Eis
Und was sagten dem Weib die Soldaten?
Er verging wie der Rauch, und die Wärme ging auch
Denn es wärmten sie nicht seine Taten.
Ach, bitter bereut, wer des Weisen Rat scheut
Sagte das Weib zum Soldaten.

DER FELDHAUPTMANN Die erlauben sich heut allerhand in meiner Küch.

EILIF *ist in die Küche gegangen. Er umarmt seine Mutter:* Daß ich dich wiederseh! Wo sind die andern?

MUTTER COURAGE *in seinen Armen:* Wohlauf wie die Fisch im Wasser. Der Schweizerkas ist Zahlmeister beim Zweiten geworden; da kommt er mir wenigstens nicht ins Gefecht, ganz konnt ich ihn nicht heraushalten.

EILIF Und was macht dein Fußwerk?

MUTTER COURAGE Am Morgen komm ich halt schwer in die Schuh.

DER FELDHAUPTMANN *ist dazugetreten:* So, du bist die Mutter. Ich hoff, du hast noch mehr Söhn für mich wie den da.

EILIF Wenn das nicht mein Glück ist: sitzt du da in der Küch und hörst, wie dein Sohn ausgezeichnet wird!

MUTTER COURAGE Ja, ich habs gehört. *Sie gibt ihm eine Ohrfeige.*

EILIF *sich die Backe haltend:* Weil ich die Ochsen gefangen hab?

MUTTER COURAGE Nein. Weil du dich nicht ergeben hast, wie die vier auf dich losgegangen sind und haben aus dir Hackfleisch machen wollen! Hab ich dir nicht gelernt, daß du auf dich achtgeben sollst? Du finnischer Teufel!
Der Feldhauptmann und der Feldprediger stehen lachend in der Tür.

3

Weitere drei Jahre später gerät Mutter Courage mit Teilen eines finnischen Regiments in die Gefangenschaft. Ihre Tochter ist zu retten, ebenso ihr Planwagen, aber ihr redlicher Sohn stirbt.

Feldlager. Nachmittag. An einer Stange die Regimentsfahne. Mutter Courage hat von ihrem Planwagen, der reich mit allerhand Waren behangen ist, zu einer großen Kanone eine Wäscheleine gespannt und faltet mit Kattrin auf der Kanone Wäsche. Dabei handelt sie mit einem Zeugmeister um einen Sack Kugeln. Schweizerkas, nunmehr in der Montur eines Zahlmeisters, schaut zu.* Geschützmeister
Eine hübsche Person, Yvette Pottier, näht, ein Glas Branntwein vor sich, an einem bunten Hut. Sie ist in Strümpfen, ihre roten Stöckelschuhe stehen neben ihr.

DER ZEUGMEISTER Ich geb Ihnen die Kugeln für zwei Gulden. Das ist billig, ich brauch das Geld, weil der Obrist seit zwei Tag mit die Offizier sauft und der Likör ausgegangen ist.

MUTTER COURAGE Das ist Mannschaftsmunition. Wenn die gefunden wird bei mir, komm ich vors Feldgericht. Ihr verkaufts die Kugeln, ihr Lumpen, und die Mannschaft hat nix zum Schießen vorm Feind.

DER ZEUGMEISTER Sinds nicht hartherzig, eine Hand wäscht die andre.

MUTTER COURAGE Heeresgut nehm ich nicht. Nicht für den Preis.

DER ZEUGMEISTER Sie könnens für fünf Gulden, sogar für acht noch heut abend diskret an den Zeugmeister vom Vierten verkaufen, wenns ihm eine Quittung auf zwölf Gulden ausstellen. Der hat überhaupt keine Munition mehr.

MUTTER COURAGE Warum machens das nicht selber?

DER ZEUGMEISTER Weil ich ihm nicht trau, wir sind befreundet.

MUTTER COURAGE *nimmt den Sack:* Gib her. *Zu Kattrin:* Trag hinter und zahl ihm eineinhalb Gulden aus. *Auf des Zeugmeisters Protest.* Ich sag, eineinhalb Gulden. *Kattrin schleppt den Sack hinter, der Zeugmeister folgt ihr. Mutter Courage zum Schweizerkas:* Da hast du deine Unterhos zurück, heb sie gut auf, es ist jetzt Oktober, und da kanns leicht Herbst werden, ich sag ausdrücklich nicht muß, denn ich hab gelernt, nix muß kommen, wie man denkt, nicht einmal die Jahreszeiten. Aber deine Regimentskass muß stimmen, wies auch kommt. Stimmt deine Kass?

SCHWEIZERKAS Ja, Mutter.

MUTTER COURAGE Vergiß nicht, daß sie dich zum Zahlmeister gemacht haben, weil du redlich bist und nicht etwa kühn wie dein Bruder, und vor allem, weil du so einfältig bist, daß du sicher nicht auf den Gedanken kommst, damit wegzurennen, du nicht. Das beruhigt mich recht. Und die Hos verleg nicht.

SCHWEIZERKAS Nein, Mutter, ich geb sie unter die Matratz. *Will gehen.*

DER ZEUGMEISTER Ich geh mit dir, Zahlmeister.

MUTTER COURAGE Und lernens ihm nicht Ihre Kniffe!

Der Zeugmeister ohne Gruß mit dem Schweizerkas ab.

YVETTE *winkt ihm nach:* Könntest auch grüßen, Zeugmeister!

MUTTER COURAGE *zu Yvette:* Die seh ich nicht gern zusammen. Der ist keine Gesellschaft für meinen Schweizerkas. Aber der Krieg läßt sich nicht schlecht an. Bis alle Länder drin sind, kann er vier, fünf Jahr dauern wie nix. Ein bissel Weitblick und keine Unvorsichtigkeit, und ich mach gute Geschäft. Weißt du nicht, daß du nicht trinken sollst am Vormittag mit deiner Krankheit?

YVETTE Wer sagt, daß ich krank bin, das ist eine Verleumdung!

MUTTER COURAGE Alle sagens.

YVETTE Weil alle lügen. Mutter Courage, ich bin ganz verzweifelt, weil alle gehen um mich herum wie um einen faulen Fisch wegen dieser Lügen, wozu richt ich noch meinen Hut her? *Sie wirft ihn weg.* Drum trink ich am Vormittag, das hab ich nie gemacht, es gibt Krähenfüß*, aber jetzt ist alles gleich. Beim Zweiten Finnischen kennen mich alle. Ich hätt zu Haus bleiben sollen, wie mein Erster mich verraten hat. Stolz ist nix für unsereinen, Dreck muß man schlucken können, sonst gehts abwärts.

Falten an den Augenwinkeln

MUTTER COURAGE Nur fang jetzt nicht wieder mit deinem Pieter an und wie alles gekommen ist, vor meiner unschuldigen Tochter.

YVETTE Grad soll sies hören, damit sie abgehärtet wird gegen die Liebe.

MUTTER COURAGE Da wird keine abgehärtet.

YVETTE Dann erzähl ichs, weil mir davon leichter wird. Es fangt damit an, daß ich in dem schönen ⌜Flandern⌝ aufgewachsen bin, ohne das hätt ich ihn nicht zu Gesicht bekommen und säß nicht hier jetzt in Polen, denn er war ein Soldatenkoch, blond, ein Holländer, aber mager. Kattrin, hüt dich vor den Mageren, aber das wußt ich damals noch nicht, auch nicht, daß er schon damals noch eine andere gehabt hat und sie ihn überhaupt schon Pfeifenpieter genannt haben, weil er die Pfeif nicht aus dem Maul genommen hat dabei, so beiläufig wars bei ihm. *Sie singt das ⌜Lied vom Fraternisieren⌝.*

Ich war erst siebzehn Jahre
Da kam der Feind ins Land.
Er legte beiseit den Säbel
Und gab mir freundlich seine Hand.
    Und nach der Maiandacht

Da kam die Maiennacht
Das Regiment stand im Geviert
Dann wurd getrommelt, wies der Brauch
Dann nahm der Feind uns hintern Strauch
Und hat fraternisiert*.

Wörtlich: sich verbrüdert

Da waren viele Feinde
Und mein Feind war ein Koch
Ich haßte ihn bei Tage
Und nachts, da liebte ich ihn doch.
Denn nach der Maiandacht
Da kommt die Maiennacht
Das Regiment steht im Geviert
Dann wird getrommelt, wies der Brauch
Dann nimmt der Feind uns hintern Strauch
Und's wird fraternisiert.

⌜Die Liebe, die ich spürte
War eine Himmelsmacht.⌝
Meine Leut habens nicht begriffen
Daß ich ihn lieb und nicht veracht.
In einer trüben Früh
Begann mein Qual und Müh
Das Regiment stand im Geviert
Dann wurd getrommelt, wies der Brauch
Dann ist der Feind, mein Liebster auch
Aus unsrer Stadt marschiert.

Ich bin ihm leider nachgefahren, hab ihn aber nie getroffen, es ist fünf Jahr her. *Sie geht schwankend hinter den Planwagen.*

MUTTER COURAGE Du hast deinen Hut liegenlassen.

YVETTE Den kann haben, wer will.

MUTTER COURAGE Laß dirs also zur Lehre dienen, Kattrin. Nie fang mir was mit Soldatenvolk an. Die Liebe ist eine

Himmelsmacht, ich warn dich. Sogar mit die, wo nicht beim Heer sind, ists kein Honigschlecken. Er sagt, er möcht den Boden küssen, über den deine Füß gehn, hast du sie gewaschen gestern, weil ich grad dabei bin, und dann bist du sein Dienstbot. Sei froh, daß du stumm bist, da widersprichst du dir nie oder willst dir nie die Zung abbeißen, weil du die Wahrheit gesagt hast, das ist ein Gottesgeschenk, Stummsein. Und da kommt der Koch vom Feldhauptmann, was mag der wollen?

Der Koch und der Feldprediger kommen.

DER FELDPREDIGER Ich bring Ihnen eine Botschaft von Ihrem Sohn, dem Eilif, und der Koch ist gleich mitgekommen, auf den haben Sie Eindruck gemacht.

DER KOCH Ich bin nur mitgekommen, ein bissel Luft schnappen.

MUTTER COURAGE Das können Sie immer hier, wenn Sie sich anständig aufführen, und auch sonst, ich werd fertig mit euch. Was will er denn, ich hab kein Geld übrig.

DER FELDPREDIGER Eigentlich sollt ich dem Bruder was ausrichten, dem Herrn Zahlmeister.

MUTTER COURAGE Der ist nicht mehr hier und woanders auch nicht. Der ist nicht seinem Bruder sein Zahlmeister. Er soll ihn nicht in Versuchung führen und gegen ihn klug sein. *Gibt ihm Geld aus der umgehängten Tasche.* Geben Sie ihm das, es ist eine Sünde, er spekuliert auf die Mutterliebe und soll sich schämen.

DER KOCH Nicht mehr lang, dann muß er aufbrechen mit dem Regiment, wer weiß, vielleicht in den Tod. Sie sollten noch was zulegen, hinterher bereuen Sies. Ihr Weiber seid hart, aber hinterher bereut ihr. Ein Gläschen Branntwein hätt seinerzeit nix ausgemacht, ist aber nicht gegeben worden, und wer weiß, dann liegt einer unterm grünen Rasen, und ihr könnt ihn euch nicht mehr ausscharren.

DER FELDPREDIGER Werden Sie nicht gerührt, Koch. In

dem Krieg fallen ist eine Gnad und keine Ungelegenheit, warum? Es ist ein Glaubenskrieg*. Kein gewöhnlicher, sondern ein besonderer, wo für den Glauben geführt wird, und also Gott wohlgefällig.

Vgl. 23,1–2

DER KOCH Das ist richtig. In einer Weis ist es ein Krieg, indem daß gebrandschatzt, gestochen und geplündert wird, bissel schänden nicht zu vergessen, aber unterschieden von alle andern Kriege dadurch, daß es ein Glaubenskrieg ist, das ist klar. Aber er macht auch Durst, das müssen Sie zugeben.

DER FELDPREDIGER *zu Mutter Courage, auf den Koch zeigend:* Ich hab ihn abzuhalten versucht, aber er hat gesagt, Sie habens ihm angetan, er träumt von Ihnen.

DER KOCH *zündet sich eine Stummelpfeife an:* Bloß daß ich ein Glas Branntwein krieg von schöner Hand, nix Schlimmeres. Aber ich bin schon geschlagen genug, weil der Feldprediger den ganzen Weg her solche Witze gemacht hat, daß ich noch jetzt rot sein muß.

MUTTER COURAGE Und im geistlichen Gewand! Ich werd euch was zu trinken geben müssen, sonst macht ihr mir noch einen unsittlichen Antrag vor Langeweil.

DER FELDPREDIGER Das ist eine Versuchung, sagte der Hofprediger und erlag ihr. *Im Gehen sich nach Kattrin umwendend.* Und wer ist diese einnehmende Person?

MUTTER COURAGE Das ist keine einnehmende, sondern eine anständige Person.

Der Feldprediger und der Koch gehen mit Mutter Courage hinter den Wagen. Kattrin schaut ihnen nach und geht dann von der Wäsche weg, auf den Hut zu. Sie hebt ihn auf und setzt sich, die roten Schuhe anziehend. Man hört von hinten Mutter Courage mit dem Feldprediger und dem Koch politisieren.

MUTTER COURAGE ⌜Die Polen hier in Polen hätten sich nicht einmischen sollen.⌝ Es ist richtig, unser König ist bei ihnen eingerückt ⌜mit Roß und Mann und Wagen⌝, aber anstatt daß die Polen den Frieden aufrechterhalten haben, haben sie sich eingemischt in ihre eigenen Angelegenheiten und den König angegriffen, wie er gerad in aller Ruh dahergezogen ist. So haben sie sich eines Friedensbruchs schuldig gemacht, und alles Blut kommt auf ihr Haupt.

DER FELDPREDIGER Unser König hat nur die Freiheit im Aug gehabt. Der ⌜Kaiser⌝ hat alle unterjocht, die Polen so gut wie die Deutschen, und der König hat sie befreien müssen.

DER KOCH So seh ichs, Ihr Branntwein ist vorzüglich, ich hab mich nicht getäuscht in Ihrem Gesicht, aber weil wir vom König sprechen, die Freiheit, wo er hat einführen wollen in Deutschland, hat sich der König genug kosten lassen, indem er die ⌜Salzsteuer⌝ eingeführt hat in Schweden, was die armen Leut, wie gesagt, was gekostet hat, und dann hat er die Deutschen noch einsperren und vierteilen lassen müssen, weil sie an ihrer Knechtschaft gegenüber dem Kaiser festgehalten haben. Freilich, wenn einer nicht hat frei werden wolln, hat der König keinen Spaß gekannt. Zuerst hat er nur Polen schützen wolln vor böse Menschen, besonders dem Kaiser, aber dann ist mitn Essen der Appetit gekommen, und er hat ganz Deutschland geschützt. Es hat sich nicht schlecht widersetzt. So hat der gute König nix wie Ärger gehabt von seiner Güte und Auslagen, und die hat er natürlich durch Steuern reinbringen lassen müssen, was böses Blut erzeugt hat, aber er hat sichs nicht verdrießen lassen. Er hat eins für sich gehabt, da war Gottes Wort, das war noch gut. Denn sonst hätts noch geheißen, er tuts für sich und weil er Gewinnst haben will. So hat er immer ein gutes Gewissen gehabt, das war ihm die Hauptsach.

MUTTER COURAGE Man merkt, Sie sind kein Schwed, sonst würden Sie anders vom Heldenkönig reden.

DER FELDPREDIGER ⌜Schließlich essen Sie sein Brot.⌝

DER KOCH Ich ess nicht sein Brot, sondern ich backs ihm.

MUTTER COURAGE Besiegt werden kann er nicht, warum, seine Leut glauben an ihn. *Ernsthaft.* Wenn man die Großkopfigen reden hört, führens die Krieg nur aus Gottesfurcht und für alles, was gut und schön is. Aber wenn man genauer hinsieht, sinds nicht so blöd, sondern führn die Krieg für Gewinn. Und anders würden die kleinen Leut wie ich auch nicht mitmachen.

DER KOCH So is es.

DER FELDPREDIGER Und Sie täten gut als Holländer, sich die Flagg anzusehen, die hier aufgezogen ist, bevor Sie eine Meinung äußern in Polen.

MUTTER COURAGE ⌜Hie gut evangelisch allewege.⌝ Prosit!

Kattrin hat begonnen, mit Yvettes Hut auf dem Kopf herumzustolzieren, Yvettes Gang kopierend.

Plötzlich hört man Kanonendonner und Schüsse. Trommeln. Mutter Courage, der Koch und der Feldprediger stürzen hinter dem Wagen vor, die beiden letzteren noch die Gläser in der Hand. Der Zeugmeister und ein Soldat kommen zur Kanone gelaufen und versuchen, sie wegzuschieben.

MUTTER COURAGE Was ist denn los? Ich muß doch erst meine Wäsch wegtun, ihr Lümmel. *Sie versucht ihre Wäsche zu retten.*

DER ZEUGMEISTER Die Katholischen! Ein Überfall. Wir wissen nicht, ob wir noch wegkommen. *Zum Soldaten:* Bring das Geschütz weg! *Läuft weiter.*

DER KOCH Um Gottes willen, ich muß zum Feldhauptmann. Courage, ich komm nächster Tag einmal herüber zu einer kleinen Unterhaltung. *Stürzt ab.*

MUTTER COURAGE Halt, Sie haben Ihre Pfeif liegen lassen!

DER KOCH *von weitem:* Heben Sie sie mir auf! Ich brauch sie.

MUTTER COURAGE Grad jetzt, wo wir ein bissel verdient haben!

DER FELDPREDIGER Ja, dann geh ich halt auch. Freilich, wenn der Feind schon so nah heran ist, möchts gefährlich sein. Selig sind die Friedfertigen*, heißts im Krieg. Wenn ich einen Mantel über hätt.

Vgl. Matthäus 5,9

MUTTER COURAGE Ich leih keine Mäntel aus, und wenns das Leben kostet. Ich hab schlechte Erfahrungen gemacht.

DER FELDPREDIGER Aber ich bin besonders gefährdet wegen meinem Glauben.

MUTTER COURAGE *holt ihm einen Mantel:* Ich tus gegen mein besseres Gewissen. Laufen Sie schon.

DER FELDPREDIGER Schönen Dank, das ist großherzig von Ihnen, aber vielleicht bleib ich noch besser sitzen hier, ich möcht Verdacht erregen und den Feind auf mich ziehn, wenn ich laufend gesehn werd.

MUTTER COURAGE *zum Soldaten:* Laß sie doch stehn, du Esel, wer zahlts dir? Ich nehm sie dir in Verwahrung, und dich kostets Leben.

DER SOLDAT *weglaufend:* Sie können bezeugen, ich habs versucht.

MUTTER COURAGE Ich schwörs. *Sieht ihre Tochter mit dem Hut.* Was machst denn du mit dem Hurenhut? Willst du gleich den Deckel abnehmen, du bist wohl übergeschnappt? Jetzt, wo der Feind kommt? *Sie reißt Kattrin den Hut vom Kopf.* Sollen sie dich entdecken und zur Hur machen? Und die Schuh hat sie sich angezogen, diese ⌜Babylonische⌝! Herunter mit die Schuh! *Sie will sie ihr ausziehen.* Jesus, hilf mir, Herr Feldprediger, daß sie den Schuh runterbringt! Ich komm gleich wieder. *Sie läuft zum Wagen.*

YVETTE *kommt, sich pudernd:* Was sagen Sie, die Katholischen kommen? Wo ist mein Hut? Wer hat auf ihm herumgetrampelt? So kann ich doch nicht herumlaufen, wenn die Katholischen kommen. Was denken die von mir? Spiegel hab ich auch nicht. *Zum Feldprediger:* Wie schau ich aus? Ist es zu viel Puder?

DER FELDPREDIGER Grad richtig.

YVETTE Und wo sind die roten Schuh? *Sie findet sie nicht, weil Kattrin die Füße unter den Rock zieht.* Ich hab sie hier stehnlassen. Ich muß in mein Zelt hinüber, barfuß. Das ist eine Schand! *Ab.*

Schweizerkas kommt gelaufen, eine kleine Schatulle tragend.

MUTTER COURAGE *kommt mit den Händen voll Asche. Zu Kattrin:* Da hab ich Asche. *Zu Schweizerkas:* Was schleppst du da?

SCHWEIZERKAS Die Regimentskass.

MUTTER COURAGE Wirf sie weg! Es hat sich ausgezahlmeistert.

SCHWEIZERKAS Die ist anvertraut. *Er geht nach hinten.*

MUTTER COURAGE *zum Feldprediger:* Zieh den geistlichen Rock ab, Feldprediger, sonst kennen sie dich trotz dem Mantel. *Sie reibt Kattrin das Gesicht ein mit Asche.* Halt still! So, ein bissel Dreck, und du bist sicher. So ein Unglück! Die Feldwachen sind besoffen gewesen. ⌜Sein Licht muß man unter den Scheffel stellen⌝, heißt es. Ein Soldat, besonders ein katholischer, und ein sauberes Gesicht, und gleich ist die Hur fertig. Sie kriegen wochenlang nichts zu fressen, und wenn sie dann kriegen, durch Plündern, fallen sie über die Frauenzimmer her. Jetzt mags angehn. Laß dich anschaun. Nicht schlecht. Wie wenn du im Dreck gewühlt hättst. Zitter nicht. So kann dir nix geschehn. *Zum Schweizerkas:* Wo hast du die Kass gelassen?

SCHWEIZERKAS Ich dacht, ich geb sie in den Wagen.

MUTTER COURAGE *entsetzt:* Was, in meinen Wagen? So eine gottssträfliche Dummheit! Wenn ich einmal wegschau! Aufhängen tun sie uns alle drei!

SCHWEIZERKAS Dann geb ich sie woanders hin oder flücht damit.

MUTTER COURAGE Hier bleibst du, das ist zu spät.

DER FELDPREDIGER *halb umgezogen nach vorn:* Um Himmels willen, die Fahn!

MUTTER COURAGE *nimmt die Regimentsfahne herunter:* Bosche moye!* Mir fällt die schon gar nicht mehr auf. Fünfundzwanzig Jahr hab ich die.

Der Kanonendonner wird lauter.

Bože mój! (poln.): Mein Gott! Ausruf des Bedauerns, aber auch Fluch.

An einem Vormittag, drei Tage später. Die Kanone ist weg. Mutter Courage, Kattrin, der Feldprediger und Schweizerkas sitzen bekümmert zusammen beim Essen.

SCHWEIZERKAS Das ist schon der dritte Tag, daß ich hier faul herumsitz, und der Herr Feldwebel, wo immer nachsichtig zu mir gewesen ist, möcht langsam fragen: wo ist denn der Schweizerkas mit der Soldschatull?

MUTTER COURAGE Sei froh, daß sie dir nicht auf die Spur gekommen sind.

DER FELDPREDIGER Was soll ich sagen? Ich kann auch nicht eine Andacht halten hier, sonst möchts mir schlecht gehn. ⌜Wes das Herz voll ist, des läuft das Maul über⌝, heißts, aber weh, wenns mir überläuft!

MUTTER COURAGE So ists. Ich hab hier einen sitzen mit einem Glauben und einen mit einer Kass. Ich weiß nicht, was gefährlicher ist.

DER FELDPREDIGER ⌜Wir sind eben jetzt in Gottes Hand.⌝

MUTTER COURAGE Ich glaub nicht, daß wir schon so verloren sind, aber schlafen tu ich doch nicht nachts. Wenn du nicht wärst, Schweizerkas, wärs leichter. Ich glaub, daß ich mirs gericht hab*. Ich hab ihnen gesagt, daß ich gegen den ⌜Antichrist⌝ bin, den Schweden, wo Hörner aufhat, und daß ichs gesehn hab, das linke Horn ist ein bissel abgeschabt. Mitten im Verhör hab ich gefragt, wo ich Weihkerzen einkaufen kann, nicht zu teuer. Ich habs gut gekonnt, weil dem Schweizerkas sein Vater katholisch gewesen ist und oft drüber Witz gemacht hat. Sie

gericht hab: Vorkehrungen getroffen habe

habens mir nicht ganz geglaubt, aber sie haben keine Marketender beim Regiment. So haben sie ein Aug zugedrückt. Vielleicht schlägts sogar zum Guten aus. Wir sind gefangen, aber so wie die Laus im Pelz.

DER FELDPREDIGER Die Milch ist gut. Was die Quantitäten betrifft, werden wir unsere schwedischen Appetite ja jetzt etwas einschränken müssen. Wir sind eben besiegt.

MUTTER COURAGE Wer ist besiegt? Die Sieg und Niederlagen der Großkopfigen oben und der von unten fallen nämlich nicht immer zusammen, durchaus nicht. Es gibt sogar Fälle, wo die Niederlag für die Untern eigentlich ein Gewinn ist für sie. Die Ehr ist verloren, aber nix sonst. Ich erinner mich, einmal ⌜im Livländischen⌝ hat unser Feldhauptmann solche Dresche vom Feind eingesteckt, daß ich in der Verwirrung sogar einen Schimmel* aus der Bagage* gekriegt hab, der hat mir den Wagen sieben Monat lang gezogen, bis wir gesiegt haben und Revision war. Im allgemeinen kann man sagen, daß uns gemeinen Leuten Sieg und Niederlag teuer zu stehn kommen. Das Beste für uns ist, wenn die Politik nicht recht vom Fleck kommt. *Zu Schweizerkas:* Iß!

Vgl. 12,1

Hier: Gepäck-, Verpflegungstross

SCHWEIZERKAS Mir schmeckts nicht. Wie soll der Feldwebel den Sold auszahlen?

MUTTER COURAGE Auf der Flucht wird kein Sold ausgezahlt.

SCHWEIZERKAS Doch, ⌜sie haben Anspruch. Ohne Sold brauchen sie nicht flüchten. Sie müssen keinen Schritt machen.⌝

MUTTER COURAGE Schweizerkas, deine Gewissenhaftigkeit macht mir fast Angst. Ich hab dir beigebracht, du sollst redlich sein, denn klug bist du nicht, aber es muß seine Grenzen haben. Ich geh jetzt mit dem Feldprediger eine katholische Fahn einkaufen und Fleisch. So wie der kann keiner Fleisch aussuchen, wie im Schlafwandel, so sicher. Ich glaub, er merkts gute Stückl dran, daß ihm unwillkürlich das Wasser im Maul zusammenläuft. Nur gut, daß sie mir meinen Handel erlauben. Ein Händler wird nicht nach dem Glauben gefragt, sondern nach dem Preis. Und evangelische Hosen halten auch warm.

DER FELDPREDIGER Wie der Bettelmönch gesagt hat, wie davon die Red war, daß die Lutherischen alles auf den Kopf stelln werden in Stadt und Land: Bettler wird man immer brauchen. *Mutter Courage verschwindet im Wagen.* Um die Schatull sorgt sie sich doch. Bisher sind wir unbemerkt geblieben, als gehörten wir alle zum Wagen, aber wie lang?

SCHWEIZERKAS Ich kann sie wegschaffen.

DER FELDPREDIGER Das ist beinah noch gefährlicher. Wenn dich einer sieht! Sie haben Spitzel. Gestern früh ist einer vor mir aufgetaucht aus dem Graben, wie ich meine Notdurft verrichtet hab. Ich erschreck und kann grad noch ein Stoßgebet zurückhalten. Das hätt mich verraten. Ich glaub, die röchen am liebsten noch am Kot, obs ein Evangelischer ist. Der Spitzel war so ein kleiner Verrecker mit einer Bind über einem Aug.

MUTTER COURAGE *mit einem Korb aus dem Wagen kletternd:* Und was hab ich gefunden, du schamlose Person? *Sie hebt triumphierend rote Stöckelschuhe hoch.* Die roten Stöckelschuh der Yvette! Sie hat sie kaltblütig gegrapscht. Weil Sie ihr eingeredet haben, daß sie eine einnehmende Person ist! *Sie legt sie in den Korb.* Ich geb sie zurück. Der Yvette die Schuh stehlen! Die richt sich zugrund fürs Geld, das versteh ich. Aber du möchtst es umsonst, zum Vergnügen. Ich hab dirs gesagt, du mußt warten, bis Frieden ist. Nur keinen Soldaten! Wart du auf den Frieden mit der ⌜Hoffart⌝!

DER FELDPREDIGER Ich find sie nicht hoffärtig.

MUTTER COURAGE Immer noch zu viel. Wenn sie ist wie ein ⌜Stein in Dalarne⌝, wos nix andres gibt, so daß die Leut sagen: den Krüppel sieht man gar nicht, ist sie mir am liebsten. Solang passiert ihr nix. *Zu Schweizerkas:* Du läßt die Schatull, wo sie ist, hörst du. Und gib auf deine Schwester acht, sie hats nötig. Ihr bringt mich noch unter den Boden. Lieber einen Sack Flöh hüten.

Sie geht mit dem Feldprediger weg. Kattrin räumt das Geschirr auf.

SCHWEIZERKAS Nicht mehr viele Tag, wo man in Hemdärmeln in der Sonne sitzen kann. *Kattrin deutet auf einen Baum.* Ja, die Blätter sind bereits gelb. *Kattrin fragt ihn mit Gesten, ob er trinken will.* Ich trink nicht. Ich denk nach. *Pause.* Sie sagt, sie schlaft nicht. Ich sollt die Schatull doch wegbringen, ich hab ein Versteck ausgefunden. Hol mir doch ein Glas voll. *Kattrin geht hinter den Wagen.* Ich gebs in das Maulwurfsloch am Fluß, bis ichs abhol. Ich hol sie vielleicht schon heut nacht gegen Morgen zu ab und bring sie zum Regiment. Was können die schon in drei Tagen weit geflüchtet sein? Der Herr Feldwebel wird Augen machen. Du hast mich angenehm enttäuscht, Schweizerkas, wird er sagen. Ich vertrau dir die Kass an, und du bringst sie zurück.

Wie Kattrin mit einem Glas voll wieder hinter dem Wagen vorkommt, steht sie vor zwei Männern. Einer davon ist ein Feldwebel, der zweite schwenkt den Hut vor ihr. Er hat eine Binde über dem einen Auge.

DER MIT DER BINDE Gott zum Gruß, liebes Fräulein. Haben Sie hier einen vom Quartier des Zweiten Finnischen gesehn?

Kattrin, sehr erschrocken, läuft weg, nach vorn, den Branntwein verschüttend. Die beiden sehen sich an und ziehen sich zurück, nachdem sie Schweizerkas haben sitzen sehen.

SCHWEIZERKAS *aus seinem Nachdenken auffahrend:* Die Hälfte hast du verschüttet. Was machst du für Faxen? Hast du dich am Aug gestoßen? Ich versteh dich nicht. Ich muß auch weg, ich habs beschlossen, es ist das beste.

Er steht auf. Sie versucht alles, ihn auf die Gefahr aufmerksam zu machen. Er wehrt sie nur ab. Ich möcht wissen, was du meinst. Du meinsts sicher gut, armes Tier, kannst dich nicht ausdrücken. Was solls schon machen, daß du den Branntwein verschüttet hast, ich trink noch manches Glas, es kommt nicht auf eins an. *Er holt aus dem Wagen die Schatulle heraus und nimmt sie unter den Rock.* Gleich komm ich wieder. Jetzt halt mich aber nicht auf, sonst werd ich bös. Freilich meinst dus gut. Wenn du reden könntest.

Da sie ihn zurückhalten will, küßt er sie und reißt sich los. Ab. Sie ist verzweifelt, läuft hin und her, kleine Laute ausstoßend. Der Feldprediger und Mutter Courage kommen zurück. Kattrin bestürmt ihre Mutter.

MUTTER COURAGE Was denn, was denn? Du bist ja ganz auseinander. Hat dir jemand was getan? Wo ist der Schweizerkas? Erzähls ordentlich, Kattrin. Deine Mutter versteht dich. Was, der Bankert* hat die Schatull doch weggenommen? Ich schlag sie ihm um die Ohren, dem Heimtücker. Laß dir Zeit und quatsch nicht, nimm die Händ, ich mag nicht, wenn du wie ein Hund jaulst, was soll der Feldprediger denken? Dem grausts doch. Ein Einäugiger war da? Vgl. 17,4

DER FELDPREDIGER Der Einäugige, das ist ein Spitzel. Haben sie den Schweizerkas gefaßt? *Kattrin schüttelt den Kopf, zuckt die Achseln.* Wir sind aus.

MUTTER COURAGE *nimmt aus dem Korb eine katholische Fahne, die der Feldprediger an der Fahnenstange befestigt:* Ziehens die neue Fahne auf!

DER FELDPREDIGER *bitter:* Hie gut katholisch allerwege*. Vgl. 36,14

Man hört von hinten Stimmen. Die beiden Männer bringen Schweizerkas.

SCHWEIZERKAS Laßt mich los, ich hab nix bei mir. Verrenk mir nicht das Schulterblatt, ich bin unschuldig.

DER FELDWEBEL Der gehört hierher. Ihr kennt euch.

MUTTER COURAGE Wir? Woher?

SCHWEIZERKAS Ich kenn sie nicht. Wer weiß, wer das ist, ich hab nix mit ihnen zu schaffen. Ich hab hier ein Mittag gekauft, zehn Heller hats gekostet. Mag sein, daß ihr mich da sitzen gesehn habt, versalzen wars auch.

DER FELDWEBEL Wer seid ihr, he?

MUTTER COURAGE Wir sind ordentliche Leut. Das ist wahr, er hat hier ein Essen gekauft. Es war ihm zu versalzen.

DER FELDWEBEL Wollt ihr etwa tun, als kennt ihr ihn nicht?

MUTTER COURAGE Wie soll ich ihn kennen? Ich kenn nicht alle. Ich frag keinen, wie er heißt und ob er ein Heid ist; wenn er zahlt, ist er kein Heid. Bist du ein Heid?

SCHWEIZERKAS Gar nicht.

DER FELDPREDIGER Er ist ganz ordentlich gesessen und hat das Maul nicht aufgemacht, außer wenn er gegessen hat. Und dann muß er.

DER FELDWEBEL Und wer bist du?

MUTTER COURAGE Das ist nur mein Schankknecht. Und ihr seid sicher durstig, ich hol euch ein Glas Branntwein, ihr seid sicher gerannt und erhitzt.

DER FELDWEBEL Keinen Branntwein im Dienst. *Zum Schweizerkas:* Du hast was weggetragen. Am Fluß mußt dus versteckt haben. Der Rock ist dir so herausgestanden, wie du von hier weg bist.

MUTTER COURAGE Wars wirklich der?

SCHWEIZERKAS Ich glaub, ihr meint einen andern. Ich hab einen springen gesehn, dem ist der Rock abgestanden. Ich bin der falsche.

MUTTER COURAGE Ich glaub auch, es ist ein Mißverständnis, das kann vorkommen. Ich kenn mich aus auf Menschen, ich bin die Courage, davon habt ihr gehört, mich kennen alle, und ich sag euch, der sieht redlich aus.

DER FELDWEBEL Wir sind hinter der Regimentskass vom

Zweiten Finnischen her. Und wir wissen, wie der ausschaut, der sie in Verwahrung hat. Wir haben ihn zwei Tag gesucht. Du bists.

SCHWEIZERKAS Ich bins nicht.

DER FELDWEBEL Und wenn du sie nicht rausrückst, bist du hin, das weißt du. Wo ist sie?

MUTTER COURAGE *dringlich:* Er würd sie doch herausgeben, wenn er sonst hin wär. Auf der Stell würd er sagen, ich hab sie, da ist sie, ihr seid die Stärkeren. So dumm ist er nicht. Red doch, du dummer Hund, der Herr Feldwebel gibt dir eine Gelegenheit.

SCHWEIZERKAS Wenn ich sie nicht hab.

DER FELDWEBEL Dann komm mit. Wir werdens herausbringen.

Sie führen ihn ab.

MUTTER COURAGE *ruft nach:* Er würds sagen. So dumm ist er nicht. Und renkt ihm nicht das Schulterblatt aus! *Läuft ihnen nach.*

Am selben Abend. Der Feldprediger und die stumme Kattrin spülen Gläser und putzen Messer.

DER FELDPREDIGER Solche Fäll, wos einen erwischt, sind in der Religionsgeschicht nicht unbekannt. Ich erinner an die Passion von unserm Herrn und Heiland. Da gibts ein altes Lied darüber. *Er singt das* ⌜*Horenlied*⌝.

In der ersten Tagesstund
Ward der Herr bescheiden
Als ein Mörder dargestellt
Pilatus dem Heiden.

Der ihn unschuldig fand
On Ursach des Todes
In derhalben von sich sandt
Zum König Herodes.

Umb drei ward der Gottessohn
Mit Geißeln geschmissen
Im sein Haupt mit einer Kron
Von Dornen zurrissen!

Gekleidet zu Hohn und Spott
Ward er es geschlagen
Und das Kreuz zu seinem Tod
Mußt er selber tragen.

Umb sechs ward er nackt und bloß
An das Kreuz geschlagen
An dem er sein Blut vergoß
Betet mit Wehklagen.

Die Zuseher spotten sein
Auch die bei ihm hingen
Bis die Sonn auch ihren Schein
Entzog solchen Dingen.

Jesus schrie zur neunden Stund
Klaget sich verlassen
Bald ward Gall in seinen Mund
Mit Essig gelassen.

Da gab er auf seinen Geist
Und die Erd erbebet
Des Tempels Vorhang zerreißt
Mancher Fels zerklübet.

Da hat man zur Vesperzeit
Der Schechr Bein zerbrochen
Ward Jesus in seine Seit
Mit eim Speer gestochen.

Doraus Blut und Wasser ran
Sie machtens zum Hohne
Solches stellen sie uns an
Mit dem Menschensohne.

MUTTER COURAGE *kommt aufgeregt:* Es ist auf Leben und Tod. Aber der Feldwebel soll mit sich sprechen lassen. Nur, wir dürfen nicht aufkommen lassen, daß es unser Schweizerkas ist, sonst haben wir ihn begünstigt. Es ist nur eine Geldsach. Aber wo nehmen wir das Geld her? War die Yvette nicht da? Ich hab sie unterwegs getroffen, sie hat schon einen Obristen* aufgegabelt, vielleicht kauft ihr der einen Marketenderhandel.

* Oberst

DER FELDPREDIGER Wollen Sie wirklich verkaufen?

MUTTER COURAGE Woher soll ich das Geld für den Feldwebel nehmen?

DER FELDPREDIGER Und wovon wollens leben?

MUTTER COURAGE Das is es.

Yvette Pottier kommt mit einem uralten Obristen.

YVETTE *umarmt Mutter Courage:* Liebe Courage, daß wir uns so schnell wiedersehen! *Flüsternd.* Er ist nicht abgeneigt. *Laut.* Das ist mein guter Freund, der mich berät im Geschäftlichen. Ich hör nämlich zufällig, Sie wollen Ihren Wagen verkaufen, umständehalber. Ich würd reflektieren.

MUTTER COURAGE Verpfänden, nicht verkaufen, nur nix Vorschnelles, so ein Wagen kauft sich nicht leicht wieder in Kriegszeiten.

YVETTE *enttäuscht:* Nur verpfänden, ich dacht verkaufen. Ich weiß nicht, ob ich da Interesse hab. *Zum Obristen:* Was meinst du?

DER OBRIST Ganz deiner Meinung, Liebe.

MUTTER COURAGE Er wird nur verpfändet.

YVETTE Ich dachte, Sie müssen das Geld haben.

MUTTER COURAGE *fest:* Ich muß das Geld haben, aber lieber lauf ich mir die Füß in den Leib nach einem Angebot, als daß ich gleich verkauf. Warum, wir leben von dem Wagen. Es ist eine Gelegenheit für dich, Yvette, wer weiß, wann du so eine wiederfindest und einen lieben Freund hast, der dich berät, ists nicht so?

YVETTE Ja, mein Freund meint, ich sollt zugreifen, aber ich weiß nicht. Wenns nur verpfändet ist . . . du meinst doch auch, wir sollten gleich kaufen?

DER OBRIST Ich meins auch.

MUTTER COURAGE Da mußt du dir was aussuchen, was zu verkaufen ist, vielleicht findst dus, wenn du dir Zeit laßt, und dein Freund geht herum mit dir, sagen wir eine Woche oder zwei Wochen, könntst du was Geeignetes finden.

YVETTE Dann können wir ja suchen gehn, ich geh gern herum und such mir was aus, ich geh gern mit dir herum, Poldi, das ist ein reines Vergnügen, nicht? Und wenns zwei Wochen dauert! Wann wollen Sie denn zurückzahlen, wenn Sie das Geld kriegen?

MUTTER COURAGE In zwei Wochen kann ich zurückzahlen, vielleicht in einer.

YVETTE Ich bin mir nicht schlüssig, Poldi, Chéri, berat mich. *Sie nimmt den Obristen auf die Seite.* Ich weiß, sie muß verkaufen, da hab ich keine Sorg. Und der Fähnrich, der blonde, du kennst ihn, will mirs Geld gern borgen. Der ist verschossen in mich, er sagt, ich erinner ihn an jemand. Was rätst du mir?

DER OBRIST Ich warn dich vor dem. Das ist kein Guter. Der nützts aus. Ich hab dir gesagt, ich kauf dir was, nicht, Haserl?

YVETTE Ich kanns nicht annehmen von dir. Freilich, wenn du meinst, der Fähnrich könnts ausnützen . . . Poldi, ich nehms von dir an.

DER OBRIST Das mein ich.

YVETTE Rätst dus mir?

DER OBRIST Ich rats dir.

YVETTE *zurück zur Courage:* Mein Freund täts mir raten. Schreiben Sie mir eine Quittung aus und daß der Wagen mein ist, wenn die zwei Wochen um sind, mit allem Zubehör, wir gehens gleich durch, die zweihundert Gulden bring ich später. *Zum Obristen:* Da mußt du voraus ins Lager gehn, ich komm nach, ich muß alles durchgehen, damit nix wegkommt aus meinem Wagen. *Sie küßt ihn. Er geht weg. Sie klettert auf den Wagen.* Stiefel sinds aber wenige.

MUTTER COURAGE Yvette, jetzt ist keine Zeit, deinen Wagen durchzugehen, wenns deiner ist. Du hast mir versprochen, daß du mit dem Feldwebel redest wegen meinem Schweizerkas, da ist keine Minut zu verlieren, ich hör, in einer Stund kommt er vors Feldgericht.

YVETTE Nur noch die Leinenhemden möcht ich nachzählen.

MUTTER COURAGE *zieht sie am Rock herunter:* Du Hyänenvieh*, es geht um Schweizerkas. Und kein Wort, von wem das Angebot kommt, tu, als seis dein Liebster in Gottes Namen, sonst sind wir alle hin, weil wir ihm Vorschub geleistet haben. Vgl. 78,28 und 79,9

YVETTE Ich hab den Einäugigen ins Gehölz bestellt, sicher, er ist schon da.

DER FELDPREDIGER Und es müssen nicht gleich die ganzen zweihundert sein, geh bis hundertfünfzig, das reicht auch.

MUTTER COURAGE Ists Ihr Geld? Ich bitt mir aus, daß Sie sich draußen halten. Sie werden Ihre Zwiebelsupp schon kriegen. Lauf und handel nicht herum, es geht ums Leben. *Sie schiebt Yvette weg.*

DER FELDPREDIGER Ich wollt Ihnen nix dreinreden, aber wovon wolln wir leben? Sie haben eine erwerbsunfähige Tochter aufm Hals.

MUTTER COURAGE Ich rechn mit der Regimentskass, Sie

Siebengescheiter. Die Spesen werden sie ihm doch wohl bewilligen.

DER FELDPREDIGER Aber wird sies richtig ausrichten?

MUTTER COURAGE Sie hat doch ein Interesse daran, daß ich ihre zweihundert ausgeb und sie den Wagen bekommt. Sie ist scharf drauf, wer weiß, wie lang ihr Obrist bei der Stange bleibt. Kattrin, du putzt die Messer, nimm Bimsstein. Und Sie, stehn Sie auch nicht herum wie ⌜Jesus am Ölberg⌝, tummeln Sie sich, waschen Sie die Gläser aus, abends kommen mindestens fünfzig Reiter, und dann hör ich wieder: »Ich bin das Laufen nicht gewohnt, meine Füß, beir Andacht renn ich nicht.« Ich denk, sie werden ihn uns herausgeben. Gott sei Dank sind sie bestechlich. Sie sind doch keine Wölf, sondern Menschen und auf Geld aus. ⌜Die Bestechlichkeit ist bei die Menschen dasselbe wie beim lieben Gott die Barmherzigkeit.⌝ Bestechlichkeit ist unsre einzige Aussicht. Solangs die gibt, gibts milde Urteilssprüch, und sogar der Unschuldige kann durchkommen vor Gericht.

YVETTE *kommt schnaufend:* Sie wollens nur machen für zweihundert. Und es muß schnell gehn. Sie habens nimmer lang in der Hand. Ich geh am besten sofort mit dem Einäugigen zu meinem Obristen. Er hat gestanden, daß er die Schatull gehabt hat, sie haben ihm die Daumenschrauben* angelegt. Aber er hat sie in Fluß geschmissen, wie er gemerkt hat, daß sie hinter ihm her sind. Die Schatull ist futsch. Soll ich laufen und von meinem Obristen das Geld holen?

Folterinstrument

MUTTER COURAGE Die Schatull ist futsch? Wie soll ich da meine zweihundert wiederkriegen?

YVETTE Ach, Sie haben geglaubt, Sie können aus der Schatull nehmen? Da wär ich ja schön hereingelegt worden. Machen Sie sich keine Hoffnung. Sie müssens schon zahln, wenn Sie den Schweizerkas zurückhaben wolln, oder vielleicht soll ich jetzt die ganze Sach liegenlassen, damit Sie Ihren Wagen behalten können?

MUTTER COURAGE Damit hab ich nicht gerechnet. Du brauchst nicht drängen, du kommst schon zum Wagen, er ist schon weg, ich hab ihn siebzehn Jahr gehabt. Ich muß nur ein Augenblick überlegen, es kommt ein bissel schnell, was mach ich, zweihundert kann ich nicht geben, du hättest doch abhandeln solln. Etwas muß ich in der Hand haben, sonst kann mich jeder Beliebige in den Straßengraben schubsen. Geh und sag, ich geb hundertzwanzig Gulden, sonst wird nix draus, da verlier ich auch schon den Wagen.

YVETTE Sie werdens nicht machen. Der Einäugige ist sowieso in Eil und schaut immer hinter sich, so aufgeregt ist er. Soll ich nicht lieber die ganzen zweihundert geben?

MUTTER COURAGE *verzweifelt:* Ich kanns nicht geben. Dreißig Jahr hab ich gearbeitet. Die ist schon fünfundzwanzig und hat noch kein Mann. Ich hab die auch noch. Dring nicht in mich, ich weiß, was ich tu. Sag hundertzwanzig, oder es wird nix draus.

YVETTE Sie müssens wissen. *Schnell ab.*

Mutter Courage sieht weder den Feldprediger noch ihre Tochter an und setzt sich, Kattrin beim Messerputzen zu helfen.

MUTTER COURAGE Zerbrechen Sie nicht die Gläser, es sind nimmer unsre. Schau auf deine Arbeit, du schneidst dich. Der Schweizerkas kommt zurück, ich geb auch zweihundert, wenns nötig ist. Dein Bruder kriegst du. Mit achtzig Gulden können wir eine Hucke* mit Waren vollpacken und von vorn anfangen. Es wird überall mit Wasser gekocht.

Korb für Lasten, der auf dem Rücken getragen wird

DER FELDPREDIGER Der Herr wirds zum Guten lenken, heißt es.

MUTTER COURAGE Trocken sollen Sie sie reiben.

Sie putzen schweigend Messer. Kattrin läuft plötzlich schluchzend hinter den Wagen.

YVETTE *kommt gelaufen:* Sie machens nicht. Ich hab Sie gewarnt. Der Einäugige hat gleich weggehn wolln, weil es keinen Wert hat. Er hat gesagt, er erwartet jeden Augenblick, daß die Trommeln gerührt werden, dann ist das Urteil gesprochen. Ich hab hundertfünfzig geboten. Er hat nicht einmal mit den Achseln gezuckt. Mit Müh und Not ist er dageblieben, daß ich noch einmal mit Ihnen sprech.

MUTTER COURAGE Sag ihm, ich geb die zweihundert. Lauf. *Yvette läuft weg. Sie sitzen schweigend. Der Feldprediger hat aufgehört, die Gläser zu putzen.* Mir scheint, ich hab zu lang gehandelt.

Von weither hört man Trommeln. Der Feldprediger steht auf und geht nach hinten. Mutter Courage bleibt sitzen. Es wird dunkel. Das Trommeln hört auf. Es wird wieder hell. Mutter Courage sitzt unverändert.

YVETTE *taucht auf, sehr bleich:* Jetzt haben Sies geschafft mitn Handel und daß Sie Ihren Wagen behalten. Elf Kugeln hat er gekriegt, sonst nix. Sie verdienens nicht, daß ich mich überhaupt noch um Sie kümmer. Aber ich hab aufgeschnappt, daß sie nicht glauben, die Kass ist wirklich im Fluß. Sie haben einen Verdacht, sie ist hier, überhaupt, daß Sie eine Verbindung mit ihm gehabt haben. Sie wolln ihn herbringen, ob Sie sich verraten, wenn Sie ihn sehn. Ich warn Sie, daß Sie ihn nicht kennen, sonst seid ihr alle dran. Sie sind dicht hinter mir, besser, ich sags gleich. Soll ich die Kattrin weghalten? *Mutter Courage schüttelt den Kopf.* Weiß sies? Sie hat vielleicht nix gehört von Trommeln oder nicht verstanden.

MUTTER COURAGE Sie weiß. Hol sie.

Yvette holt Kattrin, welche zu ihrer Mutter geht und neben ihr stehenbleibt. Mutter Courage nimmt sie bei der Hand. Zwei Landsknechte kommen mit einer Bah-

re, auf der unter einem Laken etwas liegt. Nebenher geht der Feldwebel. Sie setzen die Bahre nieder.

DER FELDWEBEL Da ist einer, von dem wir nicht seinen Namen wissen. Er muß aber notiert werden, daß alles in Ordnung geht. Bei dir hat er eine Mahlzeit genommen. Schau ihn dir an, ob du ihn kennst. *Er nimmt das Laken weg.* Kennst du ihn? *Mutter Courage schüttelt den Kopf.* Was, du hast ihn nie gesehn, vor er bei dir eine Mahlzeit genommen hat. ⌜*Mutter Courage schüttelt den Kopf.*⌝ Hebt ihn auf. Gebt ihn auf den ⌜Schindanger⌝. Er hat keinen, der ihn kennt.

Sie tragen ihn weg.

4
Mutter Courage singt das Lied von der Großen Kapitulation.

Vor einem Offizierszelt. Mutter Courage wartet. Ein Schreiber schaut aus dem Zelt.

DER SCHREIBER Ich kenn Sie. Sie haben einen Zahlmeister von die Evangelischen bei sich gehabt, wo sich verborgen hat. Beschweren Sie sich lieber nicht.

MUTTER COURAGE Doch beschwer ich mich. Ich bin unschuldig, und wenn ichs zulass, schauts aus, als ob ich ein schlechtes Gewissen hätt. Sie haben mir alles mit die Säbel zerfetzt im Wagen und fünf Taler Buß für nix und wieder nix abverlangt.

DER SCHREIBER Ich rat Ihnen zum Guten, halten Sie das Maul. Wir haben nicht viel Marketender und lassen Ihnen Ihren Handel, besonders, wenn Sie ein schlechtes Gewissen haben und ab und zu eine Buß zahln.

MUTTER COURAGE Ich beschwer mich.

DER SCHREIBER Wie Sie wolln. Dann warten Sie, bis der Herr Rittmeister Zeit hat. *Zurück ins Zelt.*

JUNGER SOLDAT *kommt randalierend:* Bouque la Madonne*: Wo ist der gottverdammte Hund von einem Rittmeister, wo mir das Trinkgeld unterschlagt und versaufts mit seine Menscher*? Er muß hin sein!

Franz. Fluch: Raub der Madonna einen Kuss!

Süddt.: abwertende Bezeichnung für eine Frau; auch: Hure

ÄLTERER SOLDAT *kommt nachgelaufen:* Halts Maul. Du kommst in ⌜Stock⌝!

JUNGER SOLDAT Komm heraus, du Dieb! Ich hau dich zu Koteletten! Die Belohnung unterschlagen, nachdem ich in Fluß geschwommen bin, allein vom ganzen Fähnlein, daß ich nicht einmal ein Bier kaufen kann, ich laß mirs nicht gefalln. Komm heraus, daß ich dich zerhack!

ÄLTERER SOLDAT Maria und Josef, das rennt sich ins Verderben.

MUTTER COURAGE Haben sie ihm kein Trinkgeld gezahlt?

JUNGER SOLDAT Laß mich los, ich renn dich mit nieder, es geht auf ein Aufwaschen.

ÄLTERER SOLDAT Er hat den Gaul vom Obristen gerettet und kein Trinkgeld bekommen. Er ist noch jung und nicht lang genug dabei.

MUTTER COURAGE Laß ihn los, er ist kein Hund, wo man in Ketten legen muß. Trinkgeld habn wolln ist ganz vernünftig. Warum zeichnet er sich sonst aus?

JUNGER SOLDAT Daß der sich besauft drinnen! Ihr seids nur Hosenscheißer. Ich hab was Besonderes gemacht und will mein Trinkgeld haben.

MUTTER COURAGE Junger Mensch, brüllen Sie mich nicht an. Ich hab meine eigenen Sorgen, und überhaupt, schonen Sie Ihre Stimme, Sie möchten sie brauchen, bis der Rittmeister kommt, nachher ist er da, und Sie sind heiser und bringen keinen Ton heraus, und er kann Sie nicht in Stock schließen lassen, bis Sie schwarz sind. Solche, wo so brüllen, machen nicht lange, eine halbe Stunde, und man muß sie in Schlaf singen, so erschöpft sind sie.

JUNGER SOLDAT Ich bin nicht erschöpft, und von Schlafen ist keine Red, ich hab Hunger. Das Brot backen Sie aus Eicheln und Hanfkörnern und sparn damit noch. Der verhurt mein Trinkgeld, und ich hab Hunger. Er muß hin sein.

MUTTER COURAGE Ich verstehe, Sie haben Hunger. Voriges Jahr hat euer Feldhauptmann euch von die Straßen runterkommandiert und quer über die Felder, damit das Korn niedergetrampelt würd, ich hätt für Stiefel zehn Gulden kriegen können, wenn einer zehn Gulden hätt ausgeben können und ich Stiefel gehabt hätt. Er hat geglaubt, er ist nicht mehr in der Gegend dies Jahr, aber jetzt ist er doch noch da, und der Hunger is groß. Ich versteh, daß Sie einen Zorn haben.

JUNGER SOLDAT Ich leids nicht, reden Sie nicht, ich vertrag keine Ungerechtigkeit.

MUTTER COURAGE Da haben Sie recht, aber wie lang? Wie lang vertragen Sie keine Ungerechtigkeit? Eine Stund oder zwei? Sehen Sie, das haben Sie sich nicht gefragt, obwohls die Hauptsach ist, warum, im Stock ists ein Elend, wenn Sie entdecken, jetzt vertragen Sies Unrecht plötzlich.

JUNGER SOLDAT Ich weiß nicht, warum ich Ihnen zuhör. Bouque la Madonne*, wo ist der Rittmeister? [Vgl. 54,21–22]

MUTTER COURAGE Sie hören mir zu, weil Sie schon wissen, was ich Ihnen sag, daß Ihre Wut schon verraucht ist, es ist nur eine kurze gewesen, und Sie brauchten eine lange, aber woher nehmen?

JUNGER SOLDAT Wollen Sie etwa sagen, wenn ich das Trinkgeld verlang, das ist nicht billig*? [angemessen]

MUTTER COURAGE Im Gegenteil. Ich sag nur, Ihre Wut ist nicht lang genug, mit der können Sie nix ausrichten, schad. Wenn Sie eine lange hätten, möcht ich Sie noch aufhetzen. Zerhacken Sie den Hund, möcht ich Ihnen dann raten, aber was, wenn Sie ihn dann gar nicht zerhacken, weil Sie schon spüren, wie Sie den Schwanz einziehn. Dann steh ich da, und der Rittmeister hält sich an mich.

ÄLTERER SOLDAT Sie haben ganz recht, er hat nur einen Rappel*. [plötzlicher Zornesausbruch]

JUNGER SOLDAT So, das will ich sehn, ob ich ihn nicht zerhack. *Er zieht sein Schwert.* Wenn er kommt, zerhack ich ihn.

DER SCHREIBER *guckt heraus:* Der Herr Rittmeister kommt gleich. Hinsetzen.

Der junge Soldat setzt sich hin.

MUTTER COURAGE Er sitzt schon. Sehn Sie, was hab ich gesagt. Sie sitzen schon. Ja, die kennen sich aus in uns und wissen, wie sies machen müssen. Hinsetzen! und schon sitzen wir. Und ⌜im Sitzen gibts kein Aufruhr⌝. Stehen Sie lieber nicht wieder auf, so wie Sie vorhin gestanden haben, stehen Sie jetzt nicht wieder. Vor mir müssen Sie sich nicht genieren, ich bin nicht besser, was nicht gar. Uns haben sie allen unsre Schneid abgekauft. Warum, wenn ich aufmuck, möchts das Geschäft schädigen. Ich werd Ihnen was erzähln von der Großen Kapitulation. *Sie singt das Lied von der Großen Kapitulation.*

Einst, im Lenze meiner jungen Jahre
Dacht auch ich, daß ich was ganz Besondres bin.
(Nicht wie jede beliebige Häuslertochter, mit meinem Aussehn und Talent und meinem Drang nach Höherem!)
Und bestellte meine Suppe ohne Haare
Und von mir, sie hatten kein Gewinn.
(Alles oder nix, jedenfalls nicht den Nächstbesten, jeder is seines ⌜Glückes Schmied⌝, ich laß mir keine Vorschriften machen!)
Doch vom Dach ein Star
Pfiff: wart paar Jahr!
  Und du marschierst in der Kapell
  Im Gleichschritt, langsam oder schnell
  Und bläsest deinen kleinen Ton:
  Jetzt kommt er schon.
  Und jetzt das Ganze schwenkt!
  ⌜Der Mensch denkt: Gott lenkt⌝
  Keine Red davon!

Und bevor das Jahr war abgefahren
Lernte ich zu schlucken meine Medizin.
(Zwei Kinder aufm Hals und bei dem Brotpreis und was alles verlangt wird!)
Als sie einmal mit mir fix und fertig waren
Hatten sie mich auf dem Arsch und auf den Knien.
(Man muß sich stelln mit den Leuten, eine Hand wäscht

die andre, mit dem Kopf kann man nicht durch die Wand.)
Und vom Dach der Star
Pfiff: noch kein Jahr!
 Und sie marschiert in der Kapell
 Im Gleichschritt, langsam oder schnell
 Und bläset ihren kleinen Ton:
 Jetzt kommt er schon.
 Und jetzt das Ganze schwenkt!
 Der Mensch denkt: Gott lenkt
 Keine Red davon!

Viele sah ich schon den Himmel stürmen
Und kein Stern war ihnen groß und weit genug.
(Der Tüchtige schafft es, wo ein Wille ist, ist ein Weg, wir werden den Laden schon schmeißen.)
Doch sie fühlten bald beim Berg-auf-Berge-Türmen
Wie doch schwer man schon an einem Strohhut trug.
(Man muß sich nach der Decke strecken!)
Und vom Dach der Star
Pfeift: wart paar Jahr!
 Und sie marschiern mit der Kapell
 Im Gleichschritt, langsam oder schnell
 Und blasen ihren kleinen Ton:
 Jetzt kommt er schon.
 Und jetzt das Ganze schwenkt!
 Der Mensch denkt: Gott lenkt
 Keine Red davon!

Mutter Courage zu dem jungen Soldaten: Darum denk ich, du solltest dableiben mitn offnen Schwert, wenns dir wirklich danach ist und dein Zorn ist groß genug, denn du hast einen guten Grund, das geb ich zu, aber wenn dein Zorn ein kurzer ist, geh lieber gleich weg!

JUNGER SOLDAT ⌜Leck mich am Arsch!⌝ *Er stolpert weg, der ältere Soldat ihm nach.*

DER SCHREIBER *steckt den Kopf heraus:* Der Rittmeister ist gekommen. Jetzt können Sie sich beschweren.

MUTTER COURAGE Ich habs mir anders überlegt. Ich beschwer mich nicht. *Ab.*

5

Zwei Jahre sind vergangen. Der Krieg überzieht immer weitere Gebiete. Auf rastlosen Fahrten durchquert der kleine Wagen der Courage Polen, Mähren, Bayern, Italien und wieder Bayern. 1631. ⌜Tillys Sieg bei Magdeburg⌝ kostet Mutter Courage vier Offiziershemden.

Mutter Courages Wagen steht in einem zerschossenen Dorf. Von weither dünne Militärmusik. Zwei Soldaten am Schanktisch, von Kattrin und Mutter Courage bedient. Der eine hat einen Damenpelzmantel umgehängt.

MUTTER COURAGE Was, zahlen kannst du nicht? Kein Geld, kein Schnaps. Siegesmärsch spielen sie auf, aber den Sold zahlen sie nicht aus.

SOLDAT Meinen Schnaps will ich. Ich bin zu spät zum Plündern gekommen. Der Feldhauptmann hat uns beschissen und die Stadt nur für eine Stunde ⌜zum Plündern freigegeben⌝. Er ist kein Unmensch, hat er gesagt; die Stadt muß ihm was gezahlt haben.

DER FELDPREDIGER *kommt gestolpert:* In dem Hof da liegen noch welche. Die Bauernfamilie. Hilf mir einer. Ich brauch Leinen.

Der zweite Soldat geht mit ihm weg. Kattrin gerät in große Erregung und versucht ihre Mutter zur Herausgabe von Leinen zu bringen.

MUTTER COURAGE Ich hab keins. Meine Binden hab ich ausverkauft beim Regiment. Ich zerreiß für die nicht meine Offiziershemden.

DER FELDPREDIGER *zurückrufend:* Ich brauch Leinen, sag ich.

MUTTER COURAGE *Kattrin den Eintritt in den Wagen verwehrend, indem sie sich auf die Treppe setzt:* Ich gib nix. Die zahlen nicht, warum, die haben nix.

DER FELDPREDIGER *über einer Frau, die er hergetragen hat:* Warum seid ihr dageblieben im Geschützfeuer?

DIE BAUERSFRAU *schwach:* Hof.

MUTTER COURAGE Die und weggehen von was! Aber jetzt soll ich herhalten. Ich tus nicht.

ERSTER SOLDAT Das sind Evangelische. Warum müssen sie evangelisch sein?

MUTTER COURAGE Die pfeifen dir aufn Glauben. Denen ist der Hof hin.

ZWEITER SOLDAT Die sind gar nicht evangelisch. Die sind selber katholisch.

ERSTER SOLDAT Wir können sie nicht herausklauben bei der Beschießung.

EIN BAUER *den der Feldprediger bringt:* Mein Arm ist hin.

DER FELDPREDIGER Wo ist das Leinen?

Alle sehen auf Mutter Courage, die sich nicht rührt.

MUTTER COURAGE Ich kann nix geben. Mit all die Abgaben, Zöll, Zins und Bestechungsgelder! *Kattrin hebt, Gurgellaute ausstoßend, eine Holzplanke auf und bedroht ihre Mutter damit.* Bist du übergeschnappt? Leg das Brett weg, sonst schmier ich dir eine, Krampen*! Ich gib nix, ich mag nicht, ich muß an mich selber denken. *Der Feldprediger hebt sie von der Wagentreppe auf und setzt sie auf den Boden; dann kramt er Hemden heraus und reißt sie in Streifen.* ⌜Meine Hemden!⌝ Das Stück zu einem halben Gulden! Ich bin ruiniert!

Hacke; übertragen auf Knecht Ruprecht mit der eisernen Hacke

Aus dem Hause kommt eine schmerzliche Kinderstimme.

DER BAUER Das Kleine is noch drin!

Kattrin rennt hinein.

DER FELDPREDIGER *zur Frau:* Bleib liegen! Es wird schon herausgeholt.

MUTTER COURAGE Haltet sie zurück, das Dach kann einfallen.

DER FELDPREDIGER Ich geh nicht mehr hinein.

verschwenderisch umgehen

MUTTER COURAGE *hin und her gerissen:* Aasens* nicht mit meinem teuren Leinen!

Der zweite Soldat hält sie zurück. Kattrin bringt einen Säugling aus der Trümmerstätte.

MUTTER COURAGE Hast du glücklich wieder einen Säugling gefunden zum Herumschleppen? Auf der Stell gibst ihn der Mutter, sonst hab ich wieder einen stundenlangen Kampf, bis ich ihn dir herausgerissen hab, hörst du nicht? *Zum zweiten Soldaten:* Glotz nicht, geh lieber dort hinter und sag ihnen, sie sollen mit der Musik aufhören, ich seh hier, daß sie gesiegt haben. Ich hab nur Verluste von eure Sieg.

DER FELDPREDIGER *beim Verbinden:* Das Blut kommt durch.

Kattrin wiegt den Säugling und lallt ein Wiegenlied.

MUTTER COURAGE Da sitzt sie und ist glücklich in all dem Jammer, gleich gibst es weg, die Mutter kommt schon zu sich. *Sie entdeckt den ersten Soldaten, der sich über die Getränke hergemacht hat und jetzt mit der Flasche wegwill.* Pschagreff*! Du Vieh, willst du noch weitersiegen? Du zahlst.

Psiakrew (poln.): Hundeblut; Fluch

ERSTER SOLDAT Ich hab nix.

MUTTER COURAGE *reißt ihm den Pelzmantel ab:* Dann laß den Mantel da, der ist sowieso gestohlen.

DER FELDPREDIGER Es liegt noch einer drunten.

6

Vor der Stadt Ingolstadt in Bayern wohnt die Courage dem ⌜Begräbnis des gefallenen kaiserlichen Feldhauptmanns Tilly⌝ bei. Es finden Gespräche über Kriegshelden und die Dauer des Krieges statt. Der Feldprediger beklagt, daß seine Talente brachliegen, und die stumme Kattrin bekommt die roten Schuhe. Man schreibt das Jahr 1632.

Im Innern eines Marketenderzeltes, mit einem Ausschank nach hinten zu. Regen. In der Ferne Trommeln und Trauermusik. Der Feldprediger und der Regimentsschreiber spielen ein Brettspiel. Mutter Courage und ihre Tochter machen Inventur.

DER FELDPREDIGER Jetzt setzt sich der Trauerzug in Bewegung.

MUTTER COURAGE Schad um den Feldhauptmann – zweiundzwanzig Paar von die Socken –, daß er gefalln ist, heißt es, war ein Unglücksfall. Es war Nebel auf der Wiesen, der war schuld. Der Feldhauptmann hat noch einem Regiment zugerufen, sie solln todesmutig kämpfen, und ist zurückgeritten, in dem Nebel hat er sich aber in der Richtung geirrt, so daß er nach vorn war und er mitten in der Schlacht eine Kugel erwischt hat – nur noch vier Windlichter zurück. *Von hinten ein Pfiff. Sie geht zum Ausschank.* Eine Schand, daß ihr euch vom Begräbnis von eurem toten Feldhauptmann drückt! *Sie schenkt aus.*

DER SCHREIBER Man hätts Geld nicht vorm Begräbnis auszahln solln. Jetzt besaufen sie sich, anstatt daß sie zum Begräbnis gehen.

DER FELDPREDIGER *zum Schreiber:* Müssen Sie nicht zum Begräbnis?

DER SCHREIBER Ich hab mich gedrückt, wegn Regen.

MUTTER COURAGE Bei Ihnen ists was andres, Ihnen möchts die Uniform verregnen. Es heißt, sie haben ihm natürlich die Glocken läuten wollen zum Begräbnis, aber es hat sich herausgestellt, daß die Kirchen weggeschossen waren auf seinen Befehl, so daß der arme Feldhauptmann keine Glocken hören wird, wenn sie ihn hinabsenken. Anstatt dem wolln sie drei Kanonenschüsse abfeuern, daß es nicht gar zu nüchtern wird – siebzehn Leibriemen.

RUFE VOM AUSSCHANK Wirtschaft! Ein Branntwein!

MUTTER COURAGE Ersts Geld! Nein, herein kommt ihr mir nicht mit eure Dreckstiefeln in mein Zelt! Ihr könnt draußen trinken, Regen hin, Regen her. *Zum Schreiber:* Ich laß nur die Chargen* herein. Der Feldhauptmann hat die letzte Zeit Sorgen gehabt, hör ich. Im Zweiten Regiment solls Unruhen gegeben haben, weil er keinen Sold ausgezahlt, sondern gesagt hat, es is ein Glaubenskrieg, sie müssens ihm umsonst tun.

höhere militärische Dienstgrade

Trauermarsch. Alle sehen nach hinten.

DER FELDPREDIGER Jetzt defilierens* vor der hohen Leich.

feierlich vorbeiziehen

MUTTER COURAGE Mir tut so ein Feldhauptmann oder Kaiser leid, er hat sich vielleicht gedacht, er tut was übriges und was, wovon die Leut reden, noch in künftigen Zeiten, und kriegt ein Standbild, zum Beispiel er erobert die Welt, das is ein großes Ziel für einen Feldhauptmann, er weiß es nicht besser. Kurz, er rackert sich ab, und dann scheiterts am gemeinen Volk, was vielleicht ein Krug Bier will und ein bissel Gesellschaft, nix Höheres. Die schönsten Plän sind schon zuschanden geworden durch die Kleinlichkeit von denen, wo sie ausführen sollten, denn die Kaiser selber können ja nix machen, sie sind angewiesen auf die Unterstützung von ihre Soldaten und dem Volk, wo sie grad sind, hab ich recht?

DER FELDPREDIGER *lacht:* Courage, ich geb Ihnen recht,

bis auf die Soldaten. Die tun, was sie können. Mit denen da draußen zum Beispiel, die ihren Branntwein im Regen saufen, getrau ich mich hundert Jahr einen Krieg nach dem andern zu machen und zwei auf einmal, wenns sein muß, und ich bin kein gelernter Feldhauptmann.

MUTTER COURAGE Dann meinen Sie nicht, daß der Krieg ausgehn könnt?

DER FELDPREDIGER Weil der Feldhauptmann hin ist? Sein Sie nicht kindisch. Solche finden sich ein Dutzend, Helden gibts immer.

MUTTER COURAGE Sie, ich frag Sie das nicht nur aus Hetz*, sondern weil ich mir überleg, ob ich Vorrät einkaufen soll, was grad billig zu haben sind, aber wenn der Krieg ausgeht, kann ich sie dann wegschmeißen.

Spaß

DER FELDPREDIGER Ich versteh, daß Sies ernst meinen. Es hat immer welche gegeben, die gehn herum und sagen: »Einmal hört der Krieg auf.« Ich sag: daß der Krieg einmal aufhört, ist nicht gesagt. Es kann natürlich zu einer kleinen Paus kommen. Der Krieg kann sich verschnaufen müssen, ja er kann sogar sozusagen verunglücken. Davor ist er nicht gesichert, es gibt ja nix Vollkommenes allhier auf Erden. Einen vollkommenen Krieg, wo man sagen könnt: an dem ist nix mehr auszusetzen, wirds vielleicht nie geben. Plötzlich kann er ins Stocken kommen, an was Unvorhergesehenem, an alles kann kein Mensch denken. Vielleicht ein Übersehn, und das Schlamassel* ist da. Und dann kann man den Krieg wieder aus dem Dreck ziehn! Aber die Kaiser und Könige und der Papst wird ihm zu Hilf kommen in seiner Not. So hat er im ganzen nix Ernstliches zu fürchten, und ein langes Leben liegt vor ihm.

Unglück

EIN SOLDAT *singt vor der Schenke:*

Ein Schnaps, Wirt, schnell, sei g'scheit!
Ein Reiter hat kein Zeit.

Muß für sein Kaiser streiten.
Einen doppelten, heut ist Festtag!

MUTTER COURAGE Wenn ich Ihnen traun könnt . . .

DER FELDPREDIGER Denken Sie selber! Was sollt gegen den Krieg sein?

DER SOLDAT *singt hinten:*

Dein Brust, Weib, schnell, sei g'scheit!
Ein Reiter hat kein Zeit.
Er muß gen Mähren reiten.

DER SCHREIBER *plötzlich:* Und der Frieden, was wird aus ihm? Ich bin aus Böhmen und möcht gelegentlich heim.

DER FELDPREDIGER So, möchten Sie? Ja, der Frieden! Was wird aus dem Loch, wenn der Käs gefressen ist?

DER SOLDAT *singt hinten:*

Trumpf aus, Kamrad, sei g'scheit!
Ein Reiter hat kein Zeit.
Muß kommen, solang sie werben.

Dein Spruch, Pfaff, schnell, sei g'scheit!
Ein Reiter hat kein Zeit.
Er muß fürn Kaiser sterben.

DER SCHREIBER Auf die Dauer kann man nicht ohne Frieden leben.

DER FELDPREDIGER Ich möcht sagen, den Frieden gibts im Krieg auch, er hat seine friedlichen Stelln. Der Krieg befriedigt nämlich alle Bedürfniss, auch die friedlichen darunter, dafür ist gesorgt, sonst möcht er sich nicht halten können. Im Krieg kannst du auch kacken wie im tiefsten Frieden, und zwischen dem einen Gefecht und dem andern gibts ein Bier, und sogar auf dem Vormarsch kannst du ein'n Nicker machen, aufn Ellbogen, das ist immer möglich, im Straßengraben. Beim Stürmen kannst du nicht Karten spieln, das kannst du beim Akkerpflügen im tiefsten Frieden auch nicht, aber nach dem Sieg gibts Möglichkeiten. Dir mag ein Bein abgeschossen werden, da erhebst du zuerst ein großes Geschrei, als wärs was, aber dann beruhigst du dich oder kriegst Schnaps, und am End hüpfst du wieder herum, und der Krieg ist nicht schlechter dran als vorher. Und was hindert dich, daß du dich vermehrst inmitten all dem Gemetzel, hinter einer Scheun oder woanders, davon bist du nie auf die Dauer abzuhalten, und dann hat der Krieg deine Sprößlinge und kann mit ihnen weiterkommen. Nein, der Krieg findet immer einen Ausweg, was nicht gar. Warum soll er aufhörn müssen?

Kattrin hat aufgehört zu arbeiten und starrt auf den Feldprediger.

MUTTER COURAGE Da kauf ich also die Waren. Ich verlaß mich auf Sie. *Kattrin schmeißt plötzlich einen Korb mit Flaschen auf den Boden und läuft hinaus.* Kattrin! *Lacht.* Jesses, die wart doch auf den Frieden. Ich hab ihr versprochen, sie kriegt einen Mann, wenn Frieden wird. *Sie läuft ihr nach.*

DER SCHREIBER *aufstehend:* Ich hab gewonnen, weil Sie geredet haben. Sie zahln.

MUTTER COURAGE *herein mit Kattrin:* Sei vernünftig, der Krieg geht noch ein bissel weiter, und wir machen noch ein bissel Geld, da wird der Friede um so schöner. Du gehst in die Stadt, das sind keine zehn Minuten, und holst die Sachen im Goldenen Löwen, die wertvollern, die andern holn wir später mitm Wagen, es ist alles ausgemacht, der Herr Regimentsschreiber begleitet dich. Die meisten sind beim Begräbnis vom Feldhauptmann, da kann dir nix geschehn. Machs gut, laß dir nix wegnehmen, denk an deine Aussteuer!

Kattrin nimmt eine Leinwand über den Kopf und geht mit dem Schreiber.

DER FELDPREDIGER Können Sie sie mit dem Schreiber gehn lassen?

MUTTER COURAGE Sie is nicht so hübsch, daß sie einer ruinieren möcht.

DER FELDPREDIGER Wie Sie so Ihren Handel führn und immer durchkommen, das hab ich oft bewundert. Ich verstehs, daß man Sie Courage geheißen hat.

MUTTER COURAGE Die armen Leut brauchen Courage. Warum, sie sind verloren. Schon daß sie aufstehn in der Früh, dazu gehört was in ihrer Lag. Oder daß sie einen Acker umpflügen, und im Krieg! Schon daß sie Kinder in die Welt setzen, zeigt, daß sie Courage haben, denn sie haben keine Aussicht. Sie müssen einander den Henker machen und sich gegenseitig abschlachten, wenn sie einander da ins Gesicht schaun wolln, das braucht wohl Courage. Daß sie einen Kaiser und einen Papst dulden, das beweist eine unheimliche Courage, denn die kosten ihnen das Leben. *Sie setzt sich nieder, zieht eine kleine Pfeife aus der Tasche und raucht.* Sie könnten ein bissel Kleinholz machen.

DER FELDPREDIGER *zieht widerwillig die Jacke aus und bereitet sich vor zum Kleinholzmachen:* Ich bin eigentlich Seelsorger und nicht Holzhacker.

MUTTER COURAGE Ich hab aber keine Seel. Dagegen brauch ich Brennholz.

DER FELDPREDIGER Was ist das für eine Stummelpfeif?

MUTTER COURAGE Halt eine Pfeif.

DER FELDPREDIGER Nein, nicht »halt eine«, sondern eine ganz bestimmte.

MUTTER COURAGE So?

DER FELDPREDIGER Das ist die Stummelpfeif von dem Koch vom Oxenstjerna-Regiment*.

Vgl. 9,2

MUTTER COURAGE Wenn Sies wissen, warum fragen Sie dann erst so scheinheilig?

DER FELDPREDIGER Weil ich nicht weiß, ob Sie sich bewußt sind, daß Sie grad die rauchen. Hätt doch sein können, Sie fischen nur so in Ihren Habseligkeiten herum, und da kommt Ihnen irgendeine Stummelpfeif in die Finger, und Sie nehmen sie aus reiner Geistesabwesenheit.

MUTTER COURAGE Und warum sollts nicht so sein?

DER FELDPREDIGER Weils nicht so ist. Sie rauchen sie bewußt.

MUTTER COURAGE Und wenn ich das tät?

DER FELDPREDIGER Courage, ich warn Sie. Es ist meine Pflicht. Sie werden den Herrn kaum mehr zu Gesicht kriegn, aber das ist nicht schad, sondern Ihr Glück. Er hat mir keinen verläßlichen Eindruck gemacht. Im Gegenteil.

MUTTER COURAGE So? Er war ein netter Mensch.

DER FELDPREDIGER So, das nennen Sie einen netten Menschen? Ich nicht. Ich bin weit entfernt, ihm was Böses zu wolln, aber nett kann ich ihn nicht nennen. Eher einen Donschuan*, einen raffinierten. Schauen Sie die Pfeif an, wenn Sie mir nicht glauben. Sie müssen zugeben, daß sie allerhand von seinem Charakter verrät.

Phonetische Schreibung von Don Juan; Frauenheld

MUTTER COURAGE Ich seh nix. Gebraucht ist sie.

DER FELDPREDIGER Durchgebissen ist sie halb. Ein Gewaltmensch. Das ist die Stummelpfeif von einem rücksichtslosen Gewaltmenschen, das sehn Sie dran, wenn Sie noch nicht alle Urteilskraft verloren haben.

MUTTER COURAGE Hacken Sie mir nicht meinen Hackpflock durch.

DER FELDPREDIGER Ich hab Ihnen gesagt, ich bin kein gelernter Holzhacker. Ich hab Seelsorgerei studiert. Hier werden meine Gaben und Fähigkeiten mißbraucht zu körperlicher Arbeit. Meine von Gott verliehenen Talente kommen überhaupt nicht zur Geltung. Das ist eine Sünd. Sie haben mich nicht predigen hörn. Ich kann ein Regiment nur mit einer Ansprach so in Stimmung versetzen, daß es den Feind wie eine Hammelherd ansieht. Ihr Leben ist ihnen wie ein alter verstunkener Fußlappen, den sie wegwerfen in Gedanken an den ⌜Endsieg⌝. Gott hat mir die Gabe der Sprachgewalt verliehen. Ich predig, daß Ihnen Hören und Sehen vergeht.

MUTTER COURAGE Ich möcht gar nicht, daß mir Hören und Sehen vergeht. Was tu ich da?

DER FELDPREDIGER Courage, ich hab mir oft gedacht, ob Sie mit Ihrem nüchternen Reden nicht nur eine warmherzige Natur verbergen. Auch Sie sind ein Mensch und brauchen Wärme.

MUTTER COURAGE Wir kriegen das Zelt am besten warm, wenn wir genug Brennholz haben.

DER FELDPREDIGER Sie lenken ab. Im Ernst, Courage, ich frag mich mitunter, wie es wär, wenn wir unsere Beziehung ein wenig enger gestalten würden. Ich mein, nachdem uns der Wirbelsturm der Kriegszeiten so seltsam zusammengewirbelt hat.

MUTTER COURAGE Ich denk, sie ist eng genug. Ich koche Ihnens Essen, und Sie betätigen sich und machen zum Beispiel Brennholz.

DER FELDPREDIGER *tritt auf sie zu:* Sie wissen, was ich mit »enger« mein; das ist keine Beziehung mit Essen und Holzhacken und solche niedrigen Bedürfnisse. Lassen Sie Ihr Herz sprechen, verhärten Sie sich nicht.

MUTTER COURAGE Kommen Sie nicht mitn Beil auf mich zu. Das wär mir eine zu enge Beziehung.

DER FELDPREDIGER Ziehen Sies nicht ins Lächerliche. Ich bin ein ernster Mensch und hab mir überlegt, was ich sag.

MUTTER COURAGE Feldprediger, sein Sie gescheit. Sie sind mir sympathisch, ich möcht Ihnen nicht den Kopf waschen müssen. Auf was ich aus bin, ist, mich und meine Kinder durchbringen mit meinem Wagen. Ich betracht ihn nicht als mein, und ich hab auch jetzt keinen Kopf für Privatgeschichten. Eben jetzt geh ich ein Risiko ein mit Einkaufen, wo der Feldhauptmann gefalln ist und alles vom Frieden redet. Wo wolln Sie hin, wenn ich ruiniert bin? Sehen Sie, das wissen Sie nicht. Hacken Sie uns das Brennholz, dann haben wir abends warm, das ist schon viel in diese Zeiten. Was ist das?

Sie steht auf. Herein Kattrin, atemlos, mit einer Wunde über Stirn und Auge. Sie schleppt allerlei Sachen, Pakete, Lederzeug, eine Trommel usw.

MUTTER COURAGE Was ist, bist du überfalln worden? Aufn Rückweg? Sie ist aufn Rückweg überfalln worden! Wenn das nicht der Reiter gewesen ist, der sich bei mir besoffen hat! Ich hätt dich nie gehn lassen solln. Schmeiß das Zeug weg! Das ist nicht schlimm, die Wund ist nur eine Fleischwund. Ich verbind sie dir, und in einer Woche ist sie geheilt. Sie sind schlimmer als die Tier. *Sie verbindet die Wunde.*

DER FELDPREDIGER Ich werf ihnen nix vor. Daheim haben sie nicht geschändet. Schuld sind die, wo Krieg anstiften, sie kehren das Unterste zuoberst in die Menschen.

MUTTER COURAGE Hat dich der Schreiber nicht zurückbegleitet? Das kommt davon, daß du eine anständige Person bist, da schern sie sich nicht drum. Die Wund ist gar nicht tief, da bleibt nix zurück. So, jetzt ists verbunden. Du kriegst was, sei ruhig. Ich hab dir insgeheim was aufgehoben, du wirst schauen. *Sie kramt aus einem Sack die roten Stöckelschuhe der Pottier heraus.* Was, da schaust du? Die hast du immer wolln. Da hast du sie. Zieh sie schnell an, daß es mich nicht reut. *Sie hilft ihr die Schuhe anziehen.* Nix bleibt zurück, wenngleich mirs nix ausmachen möcht. Das Los von denen, wo ihnen gefallen, ist das schlimmste. Die ziehn sie herum, bis sie kaputt sind. Wen sie nicht mögen, die lassen sie am Leben. Ich hab schon solche gesehn, wo hübsch im Gesicht gewesen sind, und dann haben sie bald so ausgeschaut, daß einen Wolf gegraust hat. Nicht hinter einen Alleebaum können sie gehn, ohne daß sie was fürchten müssen, sie haben ein grausliches Leben. ⌜Das ist wie mit die Bäum, die graden, luftigen werden abgehaun für Dachbalken, und die krummen dürfen sich ihres Lebens freun.⌝ Das wär also nix als ein Glück. Die Schuh sind noch gut, ich hab sie eingeschmiert aufgehoben.

Kattrin läßt die Schuhe stehen und kriecht in den Wagen.

DER FELDPREDIGER Hoffentlich ist sie nicht verunstaltet.

MUTTER COURAGE Eine Narb wird bleiben. Auf den Frieden muß die nimmer warten.

DER FELDPREDIGER Die Sachen hat sie sich nicht nehmen lassen.

MUTTER COURAGE Ich hätts ihr vielleicht nicht einschärfen solln. Wenn ich wüßt, wie es in ihrem Kopf ausschaut! Einmal ist sie eine Nacht ausgeblieben, nur einmal in all die Jahr. Danach ist sie herumgegangen wie vorher, hat aber stärker gearbeitet. Ich konnt nicht herausbringen, was sie erlebt hat. Ich hab mir eine Zeitlang den Kopf zerbrochen. *Sie nimmt die von Kattrin gebrachten Waren auf und sortiert sie zornig.* Das ist der Krieg! Eine schöne Einnahmequell!

Man hört Kanonenschüsse.

DER FELDPREDIGER Jetzt begraben sie den Feldhauptmann. Das ist ein historischer Augenblick.

MUTTER COURAGE Mir ist ein historischer Augenblick, daß sie meiner Tochter übers Aug geschlagen haben. Die ist schon halb kaputt, einen Mann kriegt sie nicht mehr, und dabei so ein Kindernarr, stumm ist sie auch nur wegen dem Krieg, ein Soldat hat ihr als klein was in den Mund geschoppt*. Den Schweizerkas seh ich nicht mehr, und wo der Eilif ist, das weiß Gott. Der Krieg soll verflucht sein.

gestopft

7
Mutter Courage auf der Höhe ihrer geschäftlichen Laufbahn.

Landstraße. Der Feldprediger, Mutter Courage und ihre Tochter Kattrin ziehen den Planwagen, an dem neue Waren hängen. Mutter Courage trägt eine Kette mit Silbertalern.

MUTTER COURAGE Ich laß mir den Krieg von euch nicht madig machen. Es heißt, er vertilgt die Schwachen, aber die sind auch hin im Frieden. Nur, der Krieg nährt seine Leut besser. *Sie singt.*

Und geht er über deine Kräfte
Bist du beim Sieg halt nicht dabei.
Der Krieg ist nix als die Geschäfte
Und statt mit Käse ists mit Blei.

Und was möcht schon Seßhaftwerden nützen? Die Seßhaften sind zuerst hin. *Singt.*

So mancher wollt so manches haben
Was es für manchen gar nicht gab:
Er wollt sich schlau ein Schlupfloch graben
Und grub sich nur ein frühes Grab.
Schon manchen sah ich sich abjagen
In Eil nach einer Ruhestatt –
Liegt er dann drin, mag er sich fragen
Warums ihm so geeilet hat.

Sie ziehen weiter.

8

⌈Im selben Jahr fällt der Schwedenkönig Gustav Adolf in der Schlacht bei Lützen.⌉ Der Frieden droht Mutter Courages Geschäft zu ruinieren. Der Courage kühner Sohn vollbringt eine Heldentat zu viel und findet ein schimpfliches Ende.

Feldlager. Ein Sommermorgen. Vor dem Wagen stehen eine alte Frau und ihr Sohn. Der Sohn schleppt einen großen Sack mit Bettzeug.

MUTTER COURAGES STIMME *aus dem Wagen:* Muß das in aller Herrgottsfrüh sein?

DER JUNGE MANN Wir sind die ganze Nacht zwanzig Meilen hergelaufen und müssen noch zurück heut.

MUTTER COURAGES STIMME Was soll ich mit Bettfedern? Die Leut haben keine Häuser.

DER JUNGE MANN Wartens lieber, bis Sie sie sehn.

DIE ALTE FRAU Da ist auch nix. Komm!

DER JUNGE MANN Dann verpfänden sie uns das Dach überm Kopf für die Steuern. Vielleicht gibt sie drei Gulden, wenn du das Kreuzel zulegst. *Glocken beginnen zu läuten.* Horch, Mutter!

STIMMEN *von hinten:* Frieden! Der Schwedenkönig ist gefallen!

MUTTER COURAGE *steckt den Kopf aus dem Wagen. Sie ist noch unfrisiert:* Was ist das für ein Geläut mitten in der Woch?

DER FELDPREDIGER *kommt unterm Wagen vorgekrochen:* Was schrein sie?

MUTTER COURAGE Sagen Sie mir nicht, daß Friede ausgebrochen ist, wo ich eben neue Vorrät eingekauft hab.

DER FELDPREDIGER *nach hinten rufend:* Ists wahr, Frieden?

STIMME Seit drei Wochen, heißts, wir habens nur nicht erfahren.

DER FELDPREDIGER *zur Courage:* Warum solln sie sonst die Glocken läuten?

STIMME In der Stadt sind schon ein ganzer Haufen Lutherische mit Fuhrwerken angekommen, die haben die Neuigkeit gebracht.

DER JUNGE MANN Mutter, es ist Frieden. Was hast?

Die alte Frau ist zusammengebrochen.

MUTTER COURAGE *zurück in den Wagen:* Marandjosef*! Kattrin, Friede! Zieh dein Schwarzes an! Wir gehn in Gottesdienst. Das sind wir dem Schweizerkas schuldig. Obs wahr ist?

Maria und Josef; Fürbitteformel

DER JUNGE MANN Die Leut hier sagens auch. Es ist Frieden gemacht worden. Kannst du aufstehn? *Die alte Frau steht betäubt auf.* Jetzt bring ich die Sattlerei wieder in Gang. Ich versprech dirs. Alles kommt in Ordnung. Vater kriegt sein Bett wieder. Kannst du laufen? *Zum Feldprediger:* Schlecht ist ihr geworden. Das ist die Nachricht. Sie hats nicht geglaubt, daß es noch Frieden wird. Vater hats immer gesagt. Wir gehn gleich heim.

Beide ab.

MUTTER COURAGES STIMME Gebt ihr einen Schnaps!

DER FELDPREDIGER Sie sind schon fort.

MUTTER COURAGES STIMME Was ist im Lager drüben?

DER FELDPREDIGER Sie laufen zusammen. Ich geh hinüber. Soll ich nicht mein geistliches Gewand anziehn?

MUTTER COURAGES STIMME Erkundigen Sie sich erst genauer, vor Sie sich zu erkennen geben als Antichrist*. Ich bin froh übern Frieden, wenn ich auch ruiniert bin. Wenigstens zwei von den Kindern hätt ich also durchgebracht durch den Krieg. Jetzt werd ich meinen Eilif wiedersehn.

Vgl. Erl. zu 39,28

DER FELDPREDIGER Und wer kommt da die Lagergass herunter? Wenn das nicht der Koch vom Feldhauptmann ist!

DER KOCH *etwas verwahrlost und mit einem Bündel:* Wen seh ich? Den Feldprediger!

DER FELDPREDIGER Courage, ein Besuch!

Mutter Courage klettert heraus.

DER KOCH Ich habs doch versprochen, ich komm, sobald ich Zeit hab, zu einer kleinen Unterhaltung herüber. Ich hab Ihren Branntwein nicht vergessen, Frau Fierling.

MUTTER COURAGE Jesus, der Koch vom Feldhauptmann! Nach all die Jahr! Wo ist der Eilif, mein Ältester?

DER KOCH Ist der noch nicht da? Der ist vor mir weg und wollt auch zu Ihnen.

DER FELDPREDIGER Ich zieh mein geistliches Gewand an, wartets. *Ab hinter den Wagen.*

MUTTER COURAGE Da kann er jede Minute eintreffen. *Ruft in den Wagen.* Kattrin, der Eilif kommt! Hol ein Glas Branntwein fürn Koch, Kattrin! *Kattrin zeigt sich nicht.* Gib ein Büschel Haar drüber, und fertig! Herr Lamb ist kein Fremder. *Holt selber den Branntwein.* Sie will nicht heraus, sie macht sich nix ausn Frieden. Er hat zu lang auf sich warten lassen. Sie haben sie über das eine Aug geschlagen, man siehts schon kaum mehr, aber sie meint, die Leut stiern auf sie.

DER KOCH Ja, der Krieg!

Er und Mutter Courage setzen sich.

MUTTER COURAGE Koch, Sie treffen mich im Unglück. Ich bin ruiniert.

DER KOCH Was? Das ist aber ein Pech.

MUTTER COURAGE Der Friede bricht mirn Hals. Ich hab auf den Feldprediger sein Rat neulich noch Vorrät eingekauft. Und jetzt wird sich alles verlaufen, und ich sitz auf meine Waren.

DER KOCH Wie können Sie auf den Feldprediger hörn? Wenn ich damals Zeit gehabt hätt, aber die Katholischen sind zu schnell gekommen, hätt ich Sie vor dem gewarnt. Das ist ein ⸢Schmalger⸣. So, der führt bei Ihnen jetzt das große Wort.

MUTTER COURAGE Er hat mirs Geschirr gewaschen und ziehn helfen.

DER KOCH Der, und ziehn! Er wird Ihnen schon auch ein paar von seine Witz erzählt haben, wie ich den kenn, der hat eine ganz unsaubere Anschauung vom Weib, ich hab mein Einfluß umsonst bei ihm geltend gemacht. Er ist unsolid.

MUTTER COURAGE Sind Sie solid?

DER KOCH Wenn ich nix bin, bin ich solid. Prost!

MUTTER COURAGE Das ist nix, solid. Ich hab nur einen gehabt, Gott sei Dank, wo solid war. So hab ich nirgends schuften müssen, er hat die Decken von die Kinder verkauft im Frühjahr, und meine Mundharmonika hat er unchristlich gefunden. Ich find, Sie empfehln sich nicht, wenn Sie eingestehn, Sie sind solid.

DER KOCH Sie haben immer noch Haare auf die Zähn, aber ich schätz Sie drum.

MUTTER COURAGE Sagen Sie jetzt nicht, Sie haben von meine Haar auf die Zähn geträumt!

DER KOCH Ja, jetzt sitzen wir hier, und Friedensglocken und Ihr Branntwein, wie nur Sie ihn ausschenken, das ist ja berühmt.

MUTTER COURAGE Ich halt nix von Friedensglocken im Moment. Ich seh nicht, wie sie den Sold auszahln wolln, wo im Rückstand ist, und wo bleib ich dann mit meinem berühmten Branntwein? Habt ihr denn ausgezahlt bekommen?

DER KOCH *zögernd:* Das nicht grad. Darum haben wir uns aufgelöst. Unter diese Umständ hab ich mir gedacht, was soll ich bleiben, ich besuch inzwischen Freunde. Und so sitz ich jetzt Ihnen gegenüber.

MUTTER COURAGE Das heißt, Sie haben nix.

DER KOCH Mit dem Gebimmel könnten sie wirklich aufhören, nachgerad. Ich käm gern in irgendeinen Handel mit was. Ich hab keine Lust mehr, denen den Koch machen. Ich soll ihnen aus Baumwurzeln und Schuhleder was zusammenpantschen, und dann schütten sie mir die heiße Suppe ins Gesicht. Heut Koch, das ist ein Hundeleben. Lieber Kriegsdienst tun, aber freilich, jetzt ist ja Frieden. *Da der Feldprediger auftaucht, nunmehr in seinem alten Gewand.* Wir reden später darüber weiter.

DER FELDPREDIGER Es ist noch gut, nur paar Motten waren drin.

DER KOCH Ich seh nur nicht, wozu Sie sich die Müh machen. Sie werden doch nicht wieder eingestellt, wen sollten Sie jetzt anfeuern, daß er seinen Sold ehrlich verdient und sein Leben in die Schanz schlägt*? Ich hab überhaupt mit Ihnen noch ein Hühnchen zu rupfen, weil Sie die Dame zu einem Einkauf von überflüssigen Waren geraten haben unter der Angabe, der Krieg geht ewig.

aufs Spiel setzt

DER FELDPREDIGER *hitzig:* Ich möcht wissen, was Sie das angeht?

DER KOCH Weils gewissenlos ist, so was! Wie können Sie sich in die Geschäftsführung von andern Leuten einmischen mit ungewünschten Ratschlägen?

DER FELDPREDIGER Wer mischt sich ein? *Zur Courage:* Ich hab nicht gewußt, daß Sie eine so enge Freundin von dem Herrn sind und ihm Rechenschaft schuldig sind.

MUTTER COURAGE Regen Sie sich nicht auf, der Koch sagt nur seine Privatmeinung, und Sie können nicht leugnen, daß Ihr Krieg eine Niete war.

DER FELDPREDIGER Sie sollten sich nicht am Frieden versündigen, Courage! Sie sind eine Hyäne* des Schlachtfelds.

Vgl. 49,18–19

MUTTER COURAGE Was bin ich?

DER KOCH Wenn Sie meine Freundin beleidigen, kriegen Sies mit mir zu tun.

DER FELDPREDIGER Mit Ihnen red ich nicht. Sie haben mir zu durchsichtige Absichten. *Zur Courage:* Aber wenn ich Sie den Frieden entgegennehmen seh wie ein altes verrotztes Sacktuch, mit Daumen und Zeigefinger, dann empör ich mich menschlich; denn dann seh ich, Sie wollen keinen Frieden, sondern Krieg, weil Sie Gewinne machen, aber vergessen Sie dann auch nicht den alten Spruch: »Wer mitn Teufel frühstücken will, muß ein langen Löffel haben!«

MUTTER COURAGE Ich hab nix fürn Krieg übrig, und er hat wenig genug für mich übrig. Ich verbitt mir jedenfalls die Hyäne, wir sind geschiedene Leut.

DER FELDPREDIGER Warum beklagen Sie sich dann übern Frieden, wenn alle Menschen aufatmen? Wegen paar alte Klamotten in Ihrem Wagen?!

MUTTER COURAGE Meine Waren sind keine alte Klamotten, sondern davon leb ich, und Sie habens bisher auch.

DER FELDPREDIGER Also vom Krieg! Aha!

DER KOCH *zum Feldprediger:* Als erwachsener Mensch hätten Sie sich sagen müssen, daß man keinen Rat gibt. *Zur Courage:* In der Lag können Sie jetzt nix Besseres mehr tun, als gewisse Waren schnell losschlagen, vor die Preis ins Aschgraue sinken. Ziehn Sie sich an und gehn Sie los, verliern Sie keine Minut!

MUTTER COURAGE Das ist ein ganz vernünftiger Rat. Ich glaub, ich machs.

DER FELDPREDIGER Weil der Koch es sagt!

MUTTER COURAGE Warum haben Sies nicht gesagt? Er hat recht, ich geh besser auf den Markt. *Sie geht in den Wagen.*

DER KOCH Einen für mich, Feldprediger. Sie sind nicht geistesgegenwärtig. Sie hätten sagen müssen: ich soll Ihnen ein Rat gegeben haben? Ich hab höchstens politisiert! Mit mir sollten Sie sich nicht hinstelln. So ein Hahnenkampf paßt sich nicht für Ihr Gewand!

DER FELDPREDIGER Wenn Sie nicht das Maul halten, ermord ich Sie, ob sich das paßt oder nicht.

DER KOCH *seine Stiefel ausziehend und sich die Fußlappen*

abwickelnd: Wenn Sie nicht ein so gottloser Lump geworden wären, könntens jetzt im Frieden leicht wieder zu einem Pfarrhaus kommen. Köch wird man nicht brauchen, zum Kochen ist nix da, aber geglaubt wird immer noch, da hat sich nix verändert.

DER FELDPREDIGER Herr Lamb, ich muß Sie bitten, mich hier nicht hinauszudrängeln. Seit ich verlumpt bin, bin ich ein besserer Mensch geworden. Ich könnt ihnen nicht mehr predigen.

Yvette Pottier kommt, in Schwarz, aufgetakelt, mit Stock. Sie ist viel älter, dicker und sehr gepudert. Hinter ihr ein Bedienter.

YVETTE Holla, ihr Leut! Ist das bei Mutter Courage?

DER FELDPREDIGER Ganz recht. Und mit wem haben wir das Vergnügen?

YVETTE Mit der Obristin Starhemberg, gute Leut. Wo ist die Courage?

DER FELDPREDIGER *ruft in den Wagen:* Die Obristin Starhemberg möcht Sie sprechen!

STIMME DER MUTTER COURAGE Ich komm gleich!

YVETTE Ich bin die Yvette!

STIMME DER MUTTER COURAGE Ach, die Yvette!

YVETTE Nur nachschaun, wies geht! *Da der Koch sich entsetzt herumgedreht hat.* Pieter!

DER KOCH Yvette!

YVETTE So was! Wie kommst denn du da her?

DER KOCH Im Fuhrwerk.

DER FELDPREDIGER Ach, ihr kennts euch? Intim?

YVETTE Ich möchts meinen. *Sie betrachtet den Koch.* Fett.

DER KOCH Du gehörst auch nicht mehr zu die Schlanksten.

YVETTE Jedenfalls schön, daß ich dich treff, Lump. Da kann ich dir sagen, was ich über dich denk.

DER FELDPREDIGER Sagen Sies nur genau, aber warten Sie, bis die Courage heraußen ist.

MUTTER COURAGE *kommt heraus, mit allerlei Waren:*

Yvette! *Sie umarmen sich.* Aber warum bist du in Trauer?

YVETTE Stehts mir nicht? Mein Mann, der Obrist, ist vor ein paar Jahr gestorben.

MUTTER COURAGE Der Alte, wo beinah mein Wagen gekauft hätt?

YVETTE Sein älterer Bruder.

MUTTER COURAGE Da stehst dich ja nicht schlecht! Wenigstens eine, wos im Krieg zu was gebracht hat.

YVETTE Auf und ab und wieder auf ists halt gegangen.

MUTTER COURAGE Reden wir nicht Schlechtes von die Obristen, sie machen Geld wie Heu!

DER FELDPREDIGER *zum Koch:* Ich möcht an Ihrer Stell die Schuh wieder anziehn. *Zu Yvette:* Sie haben versprochen, Sie sagen, was Sie über den Herrn denken, Frau Obristin.

DER KOCH Yvette, mach keinen Stunk hier.

MUTTER COURAGE Das ist ein Freund von mir, Yvette.

YVETTE Das ist der Pfeifenpieter.

DER KOCH Laß die Spitznamen! Ich heiß Lamb.

MUTTER COURAGE *lacht:* Der Pfeifenpieter! Wo die Weiber verrückt gemacht hat! Sie, Ihre Pfeif hab ich aufbewahrt.

DER FELDPREDIGER Und draus geraucht!

YVETTE Ein Glück, daß ich Sie vor dem warnen kann. Das ist der schlimmste, wo an der ganzen flandrischen* Küste herumgelaufen ist. An jedem Finger eine, die er ins Unglück gebracht hat.

Vgl. Erl. zu 31,20

DER KOCH Das ist lang her. Das ist schon nimmer wahr.

YVETTE Steh auf, wenn eine Dame dich ins Gespräch zieht! Wie ich diesen Menschen geliebt hab! Und zu gleicher Zeit hat er eine kleine Schwarze gehabt mit krumme Bein, die hat er auch ins Unglück gebracht, natürlich.

DER KOCH Dich hab ich jedenfalls eher ins Glück gebracht, wies scheint.

YVETTE Halt das Maul, traurige Ruin! Aber hüten Sie sich vor ihm, so einer bleibt gefährlich auch im Zustand des Verfalls!

MUTTER COURAGE *zu Yvette:* Komm mit, ich muß mein Zeug losschlagen, vor die Preis sinken. Vielleicht hilfst du mir beim Regiment mit deine Verbindungen. *Ruft in den Wagen.* Kattrin, es ist nix mit der Kirch, stattdem geh ich aufn Markt. Wenn der Eilif kommt, gebts ihm was zum Trinken. *Ab mit Yvette.*

YVETTE *im Abgehn:* Daß mich so was wie dieser Mensch einmal vom graden Weg hat abbringen können! Ich habs nur meinem guten Stern zu danken, daß ich dennoch in die Höh gekommen bin. Aber daß ich dir jetzt das Handwerk gelegt hab, wird mir dereinst oben angerechnet, Pfeifenpieter.

DER FELDPREDIGER Ich möcht unsrer Unterhaltung das Wort zugrund legen: ⌜Gottes Mühlen mahlen langsam.⌝ Und Sie beschweren sich über meinen Witz!

DER KOCH Ich hab halt kein Glück. Ich sags, wies ist: ich hab auf eine warme Mahlzeit gehofft. Ich bin ausgehungert, und jetzt reden die über mich, und sie bekommt ein ganz falsches Bild von mir. Ich glaub, ich verschwind, bis sie zurück ist.

DER FELDPREDIGER Ich glaub auch.

DER KOCH Feldprediger, mir hangt der Frieden schon wieder zum Hals heraus. Die Menschheit muß hingehn durch Feuer und Schwert, weil sie sündig ist von Kindesbeinen an. Ich wollt, ich könnt dem Feldhauptmann,
Vgl. 21,5
wo Gott weiß wo ist, wieder einen fetten Kapaun* braten, in Senfsoße mit bissel gelbe Rüben.

DER FELDPREDIGER Rotkohl. Zum Kapaun Rotkohl.

DER KOCH Das ist richtig, aber er hat gelbe Rüben wolln.

DER FELDPREDIGER Er hat nix verstanden.

DER KOCH Sie habens immer wacker mitgefressen.

DER FELDPREDIGER Mit Widerwillen.

DER KOCH Jedenfalls müssen Sie zugeben, daß das noch Zeiten warn.

DER FELDPREDIGER Das würd ich eventuell zugeben.

DER KOCH Nachdem Sie sie eine Hyäne geheißen haben, sinds für Sie hier keine Zeiten mehr. Was stiern Sie denn?

DER FELDPREDIGER Der Eilif! *Von Soldaten mit ⌜Picketten⌝ gefolgt, kommt Eilif daher. Seine Hände sind gefesselt. Er ist kalkweiß.* Was ist denn mit dir los?

EILIF Wo ist die Mutter?

DER FELDPREDIGER In die Stadt.

EILIF Ich hab gehört, sie ist am Ort. Sie haben erlaubt, daß ich sie noch besuchen darf.

DER KOCH *zu den Soldaten:* Wo führt ihr ihn denn hin?

EIN SOLDAT Nicht zum Guten.

DER FELDPREDIGER Was hat er angestellt?

DER SOLDAT Bei einem Bauern ist er eingebrochen. Die Frau ist hin.

DER FELDPREDIGER Wie hast du das machen können?

EILIF Ich hab nix andres gemacht als vorher auch.

DER KOCH Aber im Frieden.

EILIF Halt das Maul. Kann ich mich hinsetzen, bis sie kommt?

DER SOLDAT Wir haben keine Zeit.

DER FELDPREDIGER Im Krieg haben sie ihn dafür geehrt, zur Rechten vom Feldhauptmann ist er gesessen. Da wars Kühnheit! Könnt man nicht mit dem Profos* reden?

Stockmeister (vgl. Erl. zu 54,26); Verwalter beim Militärgericht

DER SOLDAT Das nutzt nix. Einem Bauern sein Vieh nehmen, was wär daran kühn?

DER KOCH Das war eine Dummheit!

EILIF Wenn ich dumm gewesen wär, dann wär ich verhungert, du Klugscheißer.

DER KOCH Und weil du klug warst, kommt dir der Kopf herunter.

DER FELDPREDIGER Wir müssen wenigstens die Kattrin herausholen.

EILIF Laß sie drin! Gib mir lieber einen Schluck Schnaps.

DER SOLDAT Zu dem hats keine Zeit, komm!

DER FELDPREDIGER Und was solln wir deiner Mutter ausrichten?

EILIF Sag ihr, es war nichts anderes, sag ihr, es war dasselbe. Oder sag ihr gar nix.

Die Soldaten treiben ihn weg.

DER FELDPREDIGER Ich geh mit dir deinen schweren Weg.

EILIF Ich brauch keinen Pfaffen.

DER FELDPREDIGER Das weißt du noch nicht. *Er folgt ihm.*

DER KOCH *ruft ihnen nach:* Ich werds ihr doch sagen müssen, sie wird ihn noch sehn wollen!

DER FELDPREDIGER Sagen Sie ihr lieber nix. Höchstens, er war da und kommt wieder, vielleicht morgen. Inzwischen bin ich zurück und kanns ihr beibringen.

Hastig ab. Der Koch schaut ihnen kopfschüttelnd nach, dann geht er unruhig herum. Am Ende nähert er sich dem Wagen.

DER KOCH Holla! Wolln Sie nicht rauskommen? Ich versteh ja, daß Sie sich vorm Frieden verkrochen haben. Ich möchts auch. Ich bin der Koch vom Feldhauptmann, erinnern Sie sich an mich? Ich frag mich, ob Sie bissel was zu essen hätten, bis Ihre Mutter zurückkommt. Ich hätt grad Lust auf ein Speck oder auch Brot, nur wegen der Langeweil. *Er schaut hinein.* Hat die Deck überm Kopf.

Hinten Kanonendonner.

MUTTER COURAGE *kommt gelaufen, sie ist außer Atem und hat ihre Waren noch:* Koch, der Frieden ist schon wieder aus! Schon seit drei Tag ist wieder Krieg. Ich hab mein Zeug noch nicht losgeschlagen gehabt, wie ichs erfahrn hab. Gott sei Dank! In der Stadt schießen sie sich mit die Lutherischen. Wir müssen gleich weg mitn Wagen. Kattrin, packen! Warum sind Sie betreten? Was ist los?

DER KOCH Nix.

MUTTER COURAGE Doch, es ist was. Ich sehs Ihnen an.

DER KOCH Weil wieder Krieg ist wahrscheinlich. Jetzt kanns bis morgen abend dauern, bis ich irgendwo was Warmes in Magen krieg.

MUTTER COURAGE Das ist gelogen, Koch.

DER KOCH Der Eilif war da. Er hat nur gleich wieder wegmüssen.

MUTTER COURAGE War er da? Da werden wir ihn aufn Marsch sehn. Ich zieh mit die Unsern jetzt. Wie sieht er aus?

DER KOCH Wie immer.

MUTTER COURAGE Der wird sich nie ändern. Den hat der Krieg mir nicht wegnehmen können. Der ist klug. Helfen Sie mir beim Packen? *Sie beginnt zu packen.* Hat er was erzählt? Steht er sich gut mitn Hauptmann? Hat er was von seine Heldentaten berichtet?

DER KOCH *finster:* Eine hat er, hör ich, noch einmal wiederholt.

MUTTER COURAGE Sie erzählens mir später, wir müssen fort. *Kattrin taucht auf.* Kattrin, der Frieden ist schon wieder herum. Wir ziehn weiter. *Zum Koch:* Was ist mit Ihnen?

DER KOCH Ich laß mich anwerben.

MUTTER COURAGE Ich schlag Ihnen vor . . . wo ist der Feldprediger?

DER KOCH In die Stadt mit dem Eilif.

MUTTER COURAGE Dann kommen Sie ein Stückl mit, Lamb. Ich brauch eine Hilf.

DER KOCH Die Geschicht mit der Yvette . . .

MUTTER COURAGE Die hat Ihnen nicht geschadet in meinen Augen. Im Gegenteil. Wos raucht, ist Feuer, heißts. Kommen Sie also mit uns?

DER KOCH Ich sag nicht nein.

MUTTER COURAGE Das Zwölfte is schon aufgebrochen.

Gehens an die Deichsel. Da is ein Stück Brot. Wir müssen hintenrum, zu den Lutherischen. Vielleicht seh ich den Eilif schon heut nacht. Das ist mir der liebste von allen. Ein kurzer Friede wars, und schon gehts weiter. *Sie singt, während der Koch und Kattrin sich vorspannen.*

Von Ulm nach Metz, von Metz nach Mähren!
Mutter Courage ist dabei!
Der Krieg wird seinen Mann ernähren
Er braucht nur Pulver zu und Blei.
Von Blei allein kann er nicht leben
Von Pulver nicht, er braucht auch Leut!
Müßts euch zum Regiment begeben
Sonst steht er um*! So kommt noch heut!

geht er zu Ende

9

Schon sechzehn Jahre dauert nun der große Glaubenskrieg. Über die Hälfte seiner Bewohner hat Deutschland eingebüßt. Gewaltige Seuchen töten, was die Metzeleien übriggelassen haben. In den ehemals blühenden Landstrichen wütet der Hunger. Wölfe durchstreifen die niedergebrannten Städte. Im Herbst 1634 begegnen wir der Courage im deutschen Fichtelgebirge, abseits der Heerstraße, auf der die schwedischen Heere ziehen. Der Winter in diesem Jahr kommt früh und ist streng. Die Geschäfte gehen schlecht, so daß nur Betteln übrigbleibt. Der Koch bekommt einen Brief aus Utrecht und wird verabschiedet.

Vor einem halbzerfallenen Pfarrhaus. Grauer Morgen im Frühwinter. Windstöße. Mutter Courage und der Koch in schäbigen Schafsfellen am Wagen.

DER KOCH Es ist alles dunkel, noch niemand auf.

MUTTER COURAGE Aber ein Pfarrhaus. Und zum Glockenläuten muß er aus den Federn kriechen. Dann hat er eine warme Supp.

DER KOCH Woher, wenns ganze Dorf verkohlt ist, wie wir gesehn haben.

MUTTER COURAGE Aber es ist bewohnt, vorhin hat ein Hund gebellt.

DER KOCH Wenn der Pfaff hat, gibt er nix.

MUTTER COURAGE Vielleicht, wenn wir singen ...

DER KOCH Ich habs bis oben auf. *Plötzlich.* Ich hab einen Brief aus Utrecht, daß meine Mutter an der Cholera gestorben ist, und das Wirtshaus gehört mir. Da ist der Brief, wenns nicht glaubst. Ich zeig ihn dir, wenns dich auch nix angeht, was meine Tante über meinen Lebenswandel schmiert.

MUTTER COURAGE *liest den Brief:* Lamb, ich bin das Herumziehn auch müd. Ich komm mir vor wien Schlachterhund, ziehts Fleisch für die Kunden und kriegt nix davon ab. Ich hab nix mehr zu verkaufen, und die Leut haben nix, das Nix zu zahln. ⌜Im Sächsischen hat mir einer in Lumpen ein Klafter Pergamentbänd aufhängen wolln für zwei Eier, und fürn Säcklein Salz hätten sie mir im Württembergischen ihren Pflug abgelassen. Wozu pflügen? Es wachst nix mehr, nur Dorngestrüpp. Im Pommerschen solln die Dörfler schon die jüngern Kinder aufgegessen haben, und Nonnen haben sie bei Raubüberfäll erwischt.⌝

DER KOCH Die Welt stirbt aus.

MUTTER COURAGE Manchmal seh ich mich schon durch die Höll fahrn mit mein Planwagen und Pech verkaufen oder durchn Himmel, Wegzehrung ausbieten an irrende Seelen. Wenn ich mit meine Kinder, wo mir verblieben sind, eine Stell fänd, wo nicht herumgeschossen würd, möcht ich noch ein paar ruhige Jahr haben.

DER KOCH Wir könnten das Wirtshaus aufmachen. Anna, überleg dirs. Ich hab heut nacht meinen Entschluß gefaßt, ich geh mit dir oder ohne dich nach Utrecht zurück, und zwar heut.

MUTTER COURAGE Ich muß mit der Kattrin reden. Es kommt bissel schnell, und ich faß meine Entschlüss ungern in der Kält und mit nix im Magen. Kattrin! *Kattrin klettert aus dem Wagen.* Kattrin, ich muß dir was mitteilen. Der Koch und ich wolln nach Utrecht. Er hat eine Wirtschaft dort geerbt. Da hättst du ein festen Punkt und könntest Bekanntschaften machen. Eine gesetzte Person möcht mancher schätzen, das Aussehn ist nicht alles. Ich wär auch dafür. Ich vertrag mich mitn Koch. Ich muß für ihn sagen: er hat ein Kopf fürs Geschäft. Wir hätten unser gesichertes Essen, das wär fein, nicht? Und du hast deine Bettstatt, das paßt dir, wie? Auf der Straß ist kein Leben auf die Dauer. Du möchtst verkommen. Verlaust bist schon. Wir müssen uns entscheiden, warum, wir könnten mit den Schweden ziehn, nach Norden, sie müssen dort drüben sein. *Sie zeigt nach links.* Ich denk, wir entschließen uns, Kattrin.

DER KOCH Anna, ich möcht ein Wort mit dir allein haben.

MUTTER COURAGE Geh in den Wagen zurück, Kattrin.

Kattrin klettert zurück.

DER KOCH Ich hab dich unterbrochen, weil das ist ein Mißverständnis von deiner Seit, seh ich. Ich hab gedacht, das müßt ich nicht eigens sagen, weils klar ist. Aber wenn nicht, muß ich dirs halt sagen, daß du die mitnimmst, davon kann keine Rede sein. Ich glaub, du verstehst mich.

Kattrin steckt hinter ihnen den Kopf aus dem Wagen und lauscht.

MUTTER COURAGE Du meinst, ich soll die Kattrin zurücklassen?

DER KOCH Wie denkst du dirs? Da ist kein Platz in der Wirtschaft. Das ist keine mit drei Schankstuben. Wenn wir zwei uns auf die Hinterbein stelln, können wir unsern Unterhalt finden, aber nicht drei, das ist ausgeschlossen. Die Kattrin kann den Wagen behalten.

MUTTER COURAGE Ich hab mir gedacht, sie kann in Utrecht einen Mann finden.

DER KOCH Daß ich nicht lach! Wie soll die einen Mann finden? Stumm und die Narb dazu! Und in dem Alter*?

Kattrin ist 30 Jahre alt; vgl. 51,18f.

MUTTER COURAGE Red nicht so laut!

DER KOCH Was ist, ist, leis oder laut. Und das ist auch ein Grund, warum ich sie nicht in der Wirtschaft haben kann. Die Gäst wolln so was nicht immer vor Augen haben. Das kannst du ihnen nicht verdenken.

MUTTER COURAGE Halts Maul. Ich sag, du sollst nicht so laut sein.

DER KOCH Im Pfarrhaus ist Licht. Wir können singen.

MUTTER COURAGE Koch, wie könnt sie allein mitn Wagen ziehn? Sie hat Furcht vorm Krieg. Sie verträgts nicht. Was die für Träum haben muß! Ich hör sie stöhnen nachts. Nach Schlachten besonders. Was sie da sieht in ihre Träum, weiß ich nicht. Die leidet am Mitleid. Neulich hab ich bei ihr wieder einen Igel versteckt gefunden, wo wir überfahren haben.

DER KOCH Die Wirtschaft ist zu klein. *Er ruft.* Werter Herr, Gesinde* und Hausbewohner! Wir bringen zum Vortrag das ⌜Lied von Salomon, Julius Cäsar und andere große Geister⌝, denens nicht genützt hat. Damit ihr seht, auch wir sind ordentliche Leut und habens drum schwer, durchzukommen, besonders im Winter.

Dienerschaft

Ihr saht den weisen Salomon*
Ihr wißt, was aus ihm wurd.
Dem Mann war alles sonnenklar
Er verfluchte die Stunde seiner Geburt
Und ⌜sah, daß alles eitel war⌝.
Wie groß und weis war Salomon!
Und seht, da war es noch nicht Nacht
Da sah die Welt die Folgen schon:
Die Weisheit hatte ihn so weit gebracht!
Beneidenswert, wer frei davon!

(Um 970–933 v. d. Z.) König von Israel, Sohn Davids

Alle Tugenden sind nämlich gefährlich auf dieser Welt, wie das schöne Lied beweist, man hat sie besser nicht und hat ein angenehmes Leben und Frühstück, sagen wir, eine warme Supp. Ich zum Beispiel hab keine und möcht eine, ich bin ein Soldat, aber was hat meine Kühnheit mir genutzt in all die Schlachten, nix, ich hunger und wär besser ein Hosenscheißer geblieben und daheim. Denn warum?

Ihr saht den kühnen Cäsar* dann
Ihr wißt, was aus ihm wurd.
Der saß wien Gott auf dem Altar
Und wurde ermordet, wie ihr erfuhrt

Gajus Julius Caesar (100–44 v. d. Z.), römischer Befehlshaber und Politiker

Und zwar, als er am größten war.
Wie schrie der laut: ⌜Auch du, mein Sohn!⌝
Denn seht, da war es noch nicht Nacht
Da sah die Welt die Folgen schon:
Die Kühnheit hatte ihn so weit gebracht!
Beneidenswert, wer frei davon!

Halblaut. Sie schaun nicht mal heraus. *Laut.* Werter Herr, Gesinde und Hausbewohner! Sie möchten sagen, ja, die Tapferkeit ist nix, was seinen Mann nährt, versuchts mit der Ehrlichkeit! Da möchtet ihr satt werden oder wenigstens nicht ganz nüchtern bleiben. Wie ists damit?

Ihr kennt den redlichen Sokrates*
Der stets die Wahrheit sprach:
Ach nein, sie wußten ihm keinen Dank
Vielmehr stellten die Obern böse ihm nach
Und reichten ihm den ⌜Schierlingstrank⌝.
Wie redlich war des Volkes großer Sohn!
Und seht, da war es noch nicht Nacht
Da sah die Welt die Folgen schon:
Die Redlichkeit hat ihn so weit gebracht!
Beneidenswert, wer frei davon!

(469–399 v. d. Z.) griechischer Philosoph

Ja, da heißts selbstlos sein und teilen, was man hat, aber wenn man nix hat? Denn die Wohltäter habens vielleicht auch nicht leicht, das sieht man ein, nur, man brauchet halt doch was. Ja, die Selbstlosigkeit ist eine seltene Tugend, weil sie sich nicht rentiert.

Der heilige Martin*, wie ihr wißt
Ertrug nicht fremde Not.
Er sah im Schnee ein armen Mann
Und er ⌜bot seinen halben Mantel ihm an⌝
Da frorn sie allebeid zu Tod.
Der Mann sah nicht auf irdischen Lohn!
Und seht, da war es noch nicht Nacht
Da sah die Welt die Folgen schon:

Der heilige Martin von Tour (um 316 – um 397), Soldat, später Bischof

Selbstlosigkeit hat ihn so weit gebracht!
Beneidenswert, wer frei davon!

Und so ists mit uns! Wir sind ordentliche Leut, halten zusammen, stehln nicht, morden nicht, legen kein Feuer! Und so kann man sagen, wir sinken immer tiefer, und das Lied bewahrheitet sich an uns, und die Suppen sind rar, und wenn wir anders wären und Dieb und Mörder, möchten wir vielleicht satt sein! Denn die Tugenden zahln sich nicht aus, nur die Schlechtigkeiten, so ist die Welt und müßt nicht so sein!

Hier seht ihr ordentliche Leut
Haltend die zehn Gebot*.
Es hat uns bisher nichts genützt:
Ihr, die am warmen Ofen sitzt
Helft lindern unsre große Not!
Wie kreuzbrav waren wir doch schon!
Und seht, da war es noch nicht Nacht
Da sah die Welt die Folgen schon:
Die Gottesfurcht hat uns so weit gebracht!
Beneidenswert, wer frei davon!

Vgl. 2. Mose 20

STIMME *von oben:* Ihr da! Kommt herauf! Eine Brennsupp* könnt ihr haben.

Suppe mit in Fett gebräuntem Mehl

MUTTER COURAGE Lamb, ich könnt nix hinunterwürgen. Ich sag nicht, was du sagst, is unvernünftig, aber wars dein letztes Wort? Wir haben uns gut verstanden.

DER KOCH Mein letztes. Überlegs dir.

MUTTER COURAGE Ich brauch nix zu überlegen. Ich laß sie nicht hier.

DER KOCH Das wär recht unvernünftig, ich könnts aber nicht ändern. Ich bin kein Unmensch, nur, das Wirtshaus ist ein kleines. Und jetzt müssen wir hinauf, sonst ist das auch nix hier, und wir haben umsonst in der Kält gesungen.

MUTTER COURAGE Ich hol die Kattrin.

DER KOCH Lieber steck oben was für sie ein. Wenn wir zu dritt anrücken, kriegen sie einen Schreck.

Beide ab.

Aus dem Wagen klettert Kattrin, mit einem Bündel. Sie sieht sich um, ob die beiden fort sind. Dann arrangiert sie auf dem Wagenrad eine alte Hose vom Koch und einen Rock ihrer Mutter nebeneinander, so, daß es leicht gesehen wird. Sie ist damit fertig und will mit ihrem Bündel weg, als Mutter Courage aus dem Haus zurückkommt.

MUTTER COURAGE *mit einem Teller Suppe:* Kattrin! Bleibst stehn! Kattrin! Wo willst du hin, mit dem Bündel? Bist du von Gott und alle guten Geister verlassen? *Sie untersucht das Bündel.* Ihre Sachen hat sie gepackt! Hast du zugehört? Ich hab ihm gesagt, daß nix wird aus Utrecht, seinem dreckigen Wirtshaus, was solln wir dort? Du und ich, wir passen in kein Wirtshaus. In dem Krieg is noch allerhand für uns drin. *Sie sieht die Hose und den Rock.* Du bist ja dumm. Was denkst, wenn ich das gesehn hätt, und du wärst weggewesen? *Sie hält Kattrin fest, die weg will.* Glaub nicht, daß ich ihm deinetwegen den Laufpaß gegeben hab. Es war der Wagen, darum. Ich trenn mich doch nicht vom Wagen, wo ich gewohnt bin, wegen dir ists gar nicht, es ist wegen dem Wagen. Wir gehn die andere Richtung, und dem Koch sein Zeug legen wir heraus, daß ers find, der dumme Mensch. *Sie klettert hinauf und wirft noch ein paar Sachen neben die Hose.* So, der ist draus aus unserm Geschäft, und ein andrer kommt mir nimmer rein. Jetzt machen wir beide weiter. Der Winter geht auch rum, wie alle andern. Spann dich ein, es könnt Schnee geben.

Sie spannen sich beide vor den Wagen, drehen ihn um und ziehen ihn weg. Wenn der Koch kommt, sieht er verdutzt sein Zeug.

10

⌜Das ganze Jahr 1635⌝ ziehen Mutter Courage und ihre Tochter Kattrin über die Landstraßen Mitteldeutschlands, folgend den immer zerlumpteren Heeren.

Landstraße. Mutter Courage und Kattrin ziehen den Planwagen. Sie kommen an einem Bauernhaus vorbei, aus dem eine Stimme singt.

DIE STIMME

erfreuet ⌜Uns hat eine Ros ergetzet*⌝
Im Garten mittenan
Die hat sehr schön geblühet
Haben sie im März gesetzet
Und nicht umsonst gemühet.
Wohl denen, die ein Garten han.
Sie hat so schön geblühet.

Und wenn die Schneewind wehen
Und blasen durch den Tann
Es kann uns wenig g'schehen
Wir habens Dach gerichtet
Mit Moos und Stroh verdichtet.
Wohl denen, die ein Dach jetzt han
Wenn solche Schneewind wehen.

Mutter Courage und Kattrin haben eingehalten, um zuzuhören, und ziehen dann weiter.

11

Januar 1636. Die kaiserlichen Truppen bedrohen die evangelische Stadt Halle. ⌜Der Stein beginnt zu reden.⌝ Mutter Courage verliert ihre Tochter und zieht allein weiter. Der Krieg ist noch lange nicht zu Ende.

Der Planwagen steht zerlumpt neben einem Bauernhaus mit riesigem Strohdach, das sich an eine Felswand anlehnt. Es ist Nacht. Aus dem Gehölz treten ein ⌜Fähnrich⌝ und drei Soldaten in schwerem Eisen.

DER FÄHNRICH Ich will keinen Lärm haben. Wer schreit, dem haut den Spieß hinauf.

ERSTER SOLDAT Aber wir müssen sie herausklopfen, wenn wir einen Führer haben wollen.

DER FÄHNRICH Das ist kein unnatürlicher Lärm, Klopfen. Da kann eine Kuh sich an die Stallwand wälzen.

Die Soldaten klopfen an die Tür des Bauernhauses. Eine Bäuerin öffnet. Sie halten ihr den Mund zu. Zwei Soldaten hinein.

MÄNNERSTIMME DRINNEN Ist was?

Die Soldaten bringen einen Bauern und seinen Sohn heraus.

DER FÄHNRICH *deutet auf den Wagen, in dem Kattrin aufgetaucht ist:* Da ist auch noch eine. *Ein Soldat zerrt sie heraus.* Seid ihr alles, was hier wohnt?

DIE BAUERSLEUTE Das ist unser Sohn, und das ist eine Stumme, ihre Mutter ist in die Stadt, einkaufen, für ihren Warenhandel, weil viele fliehn und billig verkaufen. Es sind fahrende Leut, Marketender.

DER FÄHNRICH Ich ermahn euch, daß ihr euch ruhig verhaltet, sonst, beim geringsten Lärm, gibts den Spieß über die Rübe. Und ich brauch einen, der uns den Pfad zeigt, wo auf die Stadt führt. *Deutet auf den jungen Bauern.* Du, komm her!

DER JUNGE BAUER Ich weiß keinen Pfad nicht.

ZWEITER SOLDAT *grinsend:* Er weiß keinen Pfad nicht.

DER JUNGE BAUER Ich dien nicht die Katholischen.

DER FÄHNRICH *zum zweiten Soldaten:* Gib ihm den Spieß in die Seit!

DER JUNGE BAUER *auf die Knie gezwungen und mit dem Spieß bedroht:* Ich tus nicht ums Leben.

ERSTER SOLDAT Ich weiß was, wie er klug wird. *Er tritt auf den Stall zu.* Zwei Küh und ein Ochs. Hör zu: wenn du keine Vernunft annimmst, säbel ich das Vieh nieder.

DER JUNGE BAUER Nicht das Vieh!

DIE BÄUERIN *weint:* Herr Hauptmann, verschont unser Vieh, wir möchten sonst verhungern.

DER FÄHNRICH Es ist hin, wenn er halsstarrig bleibt.

ERSTER SOLDAT Ich fang mit dem Ochsen an.

DER JUNGE BAUER *zum Alten:* Muß ichs tun? *Die Bäuerin nickt.* Ich tus.

DIE BÄUERIN Und schönen Dank, Herr Hauptmann, daß Sie uns verschont haben, in Ewigkeit, Amen.

Der Bauer hält die Bäuerin von weiterem Danken zurück.

ERSTER SOLDAT Hab ich nicht gleich gewußt, daß der Ochs ihnen über alles geht!

Geführt von dem jungen Bauern, setzen der Fähnrich und die Soldaten ihren Weg fort.

DER BAUER Ich möcht wissen, was die vorhaben. Nix Gutes.

DIE BÄUERIN Vielleicht sinds nur Kundschafter. – Was willst?

DER BAUER *eine Leiter ans Dach stellend und hinaufkletternd:* Sehn, ob die allein sind. *Oben.* Im Gehölz bewegt sichs. Bis zum Steinbruch hinab seh ich was. Und da sind auch Gepanzerte in der Lichtung. Und eine Kanon. Das ist mehr als ein Regiment. Gnade Gott der Stadt und allen, wo drin sind.

DIE BÄUERIN Ist Licht in der Stadt?

DER BAUER Nix. Da schlafens jetzt. *Er klettert herunter.* Wenn die eindringen, stechen sie alles nieder.

DIE BÄUERIN Der Wachtposten wirds rechtzeitig entdekken.

DER BAUER Den Wachtposten im Turm oben aufm Hang müssen sie hingemacht haben, sonst hätt der ins Horn gestoßen.

DIE BÄUERIN Wenn wir mehr wären ...

DER BAUER Mit dem Krüppel allein hier oben ...

DIE BÄUERIN Wir können nix machen, meinst ...

DER BAUER Nix.

DIE BÄUERIN Wir können nicht hinunterlaufen, in der Nacht.

DER BAUER Der ganze Hang hinunter ist voll von ihnen. Wir könnten nicht einmal ein Zeichen geben.

DIE BÄUERIN Daß sie uns hier oben auch umbringen?

DER BAUER Ja, wir können nix machen.

DIE BÄUERIN *zu Kattrin:* Bet, armes Tier, bet! Wir können nix machen gegen das Blutvergießen. Wenn du schon nicht reden kannst, kannst doch beten. Er hört dich, wenn dich keiner hört. Ich helf dir. *Alle knien nieder, Kattrin hinter den Bauersleuten.* Vater unser*, der du bist im Himmel, hör unser Gebet, laß die Stadt nicht umkommen mit alle, wo drinnen sind und schlummern und ahnen nix. Erweck sie, daß sie aufstehn und gehn auf die Mauern und sehn, wie sie auf sie kommen mit Spießen und Kanonen in der Nacht über die Wiesen, herunter vom Hang. *Zu Kattrin zurück:* Beschirm unsre Mutter und mach, daß der Wächter nicht schläft, sondern aufwacht, sonst ist es zu spät. Unserm Schwager steh auch bei, er ist drin mit seine vier Kinder, laß die nicht umkommen, sie sind unschuldig und wissen von nix. *Zu Kattrin, die stöhnt:* Eins ist unter zwei, das älteste sieben. *Kattrin steht verstört auf.* Vater unser, hör

Vgl. Matthäus 6,9–13

uns, denn nur du kannst helfen, wir möchten zugrund gehn, warum, wir sind schwach und haben keine Spieß und nix und können uns nix traun und sind in deiner Hand mit unserm Vieh und dem ganzen Hof, und so auch die Stadt, sie ist auch in deiner Hand, und der Feind ist vor den Mauern mit großer Macht.

Kattrin hat sich unbemerkt zum Wagen geschlichen, etwas herausgenommen, es unter ihre Schürze getan und ist die Leiter hoch aufs Dach des Hauses geklettert.

DIE BÄUERIN Gedenk der Kinder, wo bedroht sind, der allerkleinsten besonders, der Greise, wo sich nicht rühren können, und aller Kreatur.

DER BAUER Und vergib uns unsre Schuld, wie auch wir vergeben unsern Schuldigern. Amen.

Kattrin beginnt, auf dem Dach sitzend, die ⌜Trommel⌝ *zu schlagen, die sie unter ihrer Schürze hervorgezogen hat.*

DIE BÄUERIN Jesus, was macht die?

DER BAUER Sie hat den Verstand verloren.

DIE BÄUERIN Hol sie runter, schnell!

Der Bauer läuft auf die Leiter zu, aber Kattrin zieht sie aufs Dach.

DIE BÄUERIN Sie bringt uns ins Unglück.

DER BAUER Hör auf der Stell auf mit Schlagen, du Krüppel!

DIE BÄUERIN Die Kaiserlichen auf uns ziehn.

DER BAUER *sucht Steine am Boden:* Ich bewerf dich!

DIE BÄUERIN Hast denn kein Mitleid? Hast gar kein Herz? Hin sind wir, wenn sie auf uns kommen! Abstechen tuns uns.

Kattrin starrt in die Weite, auf die Stadt, und trommelt weiter.

DIE BÄUERIN *zum Alten:* Ich hab dir gleich gesagt, laß das Gesindel nicht auf den Hof. Was kümmerts die, wenn sie uns das letzte Vieh wegtreiben.

DER FÄHNRICH *kommt mit seinen Soldaten und dem jungen Bauern gelaufen:* Euch zerhack ich!

DIE BÄUERIN Herr Offizier, wir sind unschuldig, wir können nix dafür. Sie hat sich raufgeschlichen. Eine Fremde.

DER FÄHNRICH Wo ist die Leiter?

DER BAUER Oben.

DER FÄHNRICH *hinauf:* Ich befehl dir, schmeiß die Trommel runter!

Kattrin trommelt weiter.

DER FÄHNRICH Ihr seids alle verschworen. Das hier überlebt ihr nicht.

DER BAUER Drüben im Holz haben sie Fichten geschlagen. Wenn wir einen Stamm holn und stochern sie herunter ...

ERSTER SOLDAT *zum Fähnrich:* Ich bitt um Erlaubnis, daß ich einen Vorschlag mach. *Er sagt dem Fähnrich etwas ins Ohr. Der nickt.* Hörst du, wir machen dir einen Vorschlag zum Guten. Komm herunter und geh mit uns in die Stadt, stracks voran. Zeig uns deine Mutter, und sie soll verschont werden.

Kattrin trommelt weiter.

DER FÄHNRICH *schiebt ihn roh weg:* Sie traut dir nicht, bei deiner Fresse kein Wunder. *Er ruft hinauf.* Wenn ich dir mein Wort gebe? Ich bin ein Offizier und hab ein Ehrenwort.

Kattrin trommelt stärker.

DER FÄHNRICH Der ist nix heilig.

DER JUNGE BAUER Herr Offizier, es is ihr nicht nur wegen ihrer Mutter!

ERSTER SOLDAT Lang dürfts nicht mehr fortgehn. Das müssen sie hörn in der Stadt.

DER FÄHNRICH Wir müssen einen Lärm mit irgendwas machen, wo größer ist als ihr Trommeln. Mit was können wir einen Lärm machen?

ERSTER SOLDAT Wir dürfen doch keinen Lärm machen.

DER FÄHNRICH Einen unschuldigen, Dummkopf. Einen nicht kriegerischen.

DER BAUER Ich könnt mit der Axt Holz hacken.

DER FÄHNRICH Ja, hack. *Der Bauer holt die Axt und haut in den Stamm.* Hack mehr! Mehr! Du hackst um dein Leben!

Kattrin hat zugehört, dabei leiser geschlagen. Unruhig herumspähend, trommelt sie jetzt weiter.

DER FÄHNRICH *zum Bauern:* Zu schwach. *Zum ersten Soldaten:* Hack du auch.

DER BAUER Ich hab nur eine Axt. *Hört auf mit dem Hakken.*

DER FÄHNRICH Wir müssen den Hof anzünden. Ausräuchern müssen wir sie.

DER BAUER Das nützt nix, Herr Hauptmann. Wenn sie in der Stadt hier Feuer sehn, wissen sie alles.

Kattrin hat während des Trommelns wieder zugehört. Jetzt lacht sie.

DER FÄHNRICH Sie lacht uns aus, schau. Ich halts nicht aus. Ich schieß sie herunter, und wenn alles hin ist. Holt die Kugelbüchs!

Zwei Soldaten laufen weg. Kattrin trommelt weiter.

DIE BÄUERIN Ich habs, Herr Hauptmann. Da drüben steht ihr Wagen. Wenn wir den zusammenhaun, hört sie auf. Sie haben nix als den Wagen.

DER FÄHNRICH *zum jungen Bauern:* Hau ihn zusammen. *Hinauf.* Wir haun deinen Wagen zusammen, wenn du nicht mit Schlagen aufhörst.

Der junge Bauer führt einige schwache Schläge gegen den Planwagen.

DIE BÄUERIN Hör auf, du Vieh!

Kattrin stößt, verzweifelt nach ihrem Wagen starrend, jämmerliche Laute aus. Sie trommelt aber weiter.

DER FÄHNRICH Wo bleiben die Dreckkerle mit der Kugelbüchs?

ERSTER SOLDAT Sie können in der Stadt drin noch nix gehört haben, sonst möchten wir ihr Geschütz hörn.

DER FÄHNRICH *hinauf:* Sie hörn dich gar nicht. Und jetzt schießen wir dich ab. Ein letztes Mal. Wirf die Trommel herunter!

DER JUNGE BAUER *wirft plötzlich die Planke weg:* Schlag weiter! Sonst sind alle hin! Schlag weiter, schlag weiter ...

Der Soldat wirft ihn nieder und schlägt auf ihn mit dem Spieß ein. Kattrin beginnt zu weinen, sie trommelt aber weiter.

DIE BÄUERIN Schlagts ihn nicht in'n Rücken! Gottes willen, ihr schlagt ihn tot!

Die Soldaten mit der Büchse kommen gelaufen.

ZWEITER SOLDAT Der Obrist hat Schaum vorm Mund, Fähnrich. Wir kommen vors Kriegsgericht.

DER FÄHNRICH Stell auf! Stell auf! *Hinauf, während das Gewehr auf die Gabel* gestellt wird.* Zum allerletzten Mal: Hör auf mit Schlagen! *Kattrin trommelt weinend so laut sie kann.* Gebt Feuer!

Stütze für den Büchsenlauf zur Abgabe gezielter Schüsse

Die Soldaten feuern. Kattrin, getroffen, schlägt noch einige Schläge und sinkt dann langsam zusammen.

DER FÄHNRICH Schluß ist mitm Lärm!

Aber die letzten Schläge Kattrins werden von den Kanonen der Stadt abgelöst. Man hört von weitem verwirrtes Sturmglockenläuten und Kanonendonner.

ERSTER SOLDAT Sie hats geschafft.

12

Nacht gegen Morgen. Man hört Trommeln und Pfeifen marschierender Truppen, die sich entfernen.
Vor dem Planwagen hockt Mutter Courage bei ihrer Tochter. Die Bauersleute stehen daneben.

DIE BAUERSLEUTE Sie müssen fort, Frau. Nur mehr ein Regiment ist dahinter. Allein könnens nicht weg.

MUTTER COURAGE Vielleicht schlaft sie mir ein. *Sie singt.*

⌜Eia popeia⌝
Was raschelt im Stroh?
Nachbars Bälg greinen
Und meine sind froh.
Nachbars gehn in Lumpen
Und du gehst in Seid
Ausn Rock von einem Engel
Umgearbeit'.
Nachbars han kein Brocken
Und du kriegst eine Tort
Ist sie dir zu trocken
Dann sag nur ein Wort.
Eia popeia
Was raschelt im Stroh?
Der eine liegt in Polen
Der andre ist werweißwo.

Jetzt schlaft sie. Sie hätten ihr nix von die Kinder von Ihrem Schwager sagen sollen.

DIE BAUERSLEUTE Wenns nicht in die Stadt gangen wärn, Ihren Schnitt machen*, wärs vielleicht nicht passiert.

MUTTER COURAGE Ich bin froh, daß sie schlaft.

DIE BAUERSLEUTE Sie schlaft nicht, Sie müssens einsehn, sie ist hinüber. Und Sie selber müssen los endlich. Da sind die Wölf, und was schlimmer ist, die Marodöre*.

Gewinn erzielen

Plünderer im Gefolge des Heeres

MUTTER COURAGE *steht auf:* Ja. *Sie holt eine Blache** *aus dem Wagen, um die Tote zuzudecken.* Plane

DIE BAUERSLEUTE Habens denn niemand sonst? Wos hingehn könnten?

MUTTER COURAGE Doch, einen. Den Eilif.

DIE BAUERSLEUTE Den müssens finden. Für die da sorgen wir, daß sie ordentlich begraben wird. Sie können ganz beruhigt sein.

MUTTER COURAGE *bevor sie sich vor den Wagen spannt:* Da haben Sie Geld für die Auslagen.

Sie zählt dem Bauern Geld in die Hand. Die Bauersleute geben ihr die Hand, und der Bauer und sein Sohn tragen Kattrin weg.

DIE BÄUERIN *im Abgehen:* Eilen Sie sich!

MUTTER COURAGE Hoffentlich zieh ich den Wagen allein. Es wird gehn, es ist nicht viel drinnen.

Ein weiteres Regiment zieht mit Pfeifen und Trommeln hinten vorbei.

MUTTER COURAGE Holla, nehmts mich mit!

Sie zieht an. Man hört Singen von hinten.

GESANG* Vgl. 10,25–11,14

Mit seinem Glück, seiner Gefahre
Der Krieg, er zieht sich etwas hin.
Der Krieg, er dauert hundert Jahre
Der g'meine Mann hat kein'n Gewinn.
Ein Dreck sein Fraß, sein Rock ein Plunder!
Sein halben Sold stiehlts Regiment.
Jedoch vielleicht geschehn noch Wunder:
Der Feldzug ist noch nicht zu End!
    Das Frühjahr kommt! Wach auf, du Christ!
    Der Schnee schmilzt weg! Die Toten ruhn!
    Und was noch nicht gestorben ist
    Das macht sich auf die Socken nun.

Kommentar

Zeittafel zum Dreißigjährigen Krieg

Beim Dreißigjährigen Krieg (1618–1648) werden vier Phasen unterschieden:

1618–1623 Der Böhmisch-Pfälzische Krieg.

Böhmisch-Pfälzischer Krieg

1618 Am 23. Mai kommt es in Prag zu einem Aufstand der hauptsächlich protestantischen Stände; dabei werden die kaiserlichen Statthalter Jaroslaw von Martinitz (1582–1649) und Wilhelm von Slavata (1572–1652) aus einem Fenster des Hradschin geworfen (»Prager Fenstersturz«).

1619 Nach dem Tod von Kaiser Matthias (Regierungszeit: 1612–1619) verabschiedet der böhmische Landtag eine ständische Verfassung (Konföderationsakte), die die österreichischen Stände übernehmen. Der böhmische König wird abgesetzt, zum Führer der (protestantischen) Union wird Kurfürst Friedrich V. von der Pfalz (1596–1632) gewählt und in Prag gekrönt. Der innerhabsburgische Konflikt wird so zu einer Reichsangelegenheit. Zur Wiederherstellung der Zentralgewalt unter katholischen Vorzeichen verbündet sich der neue (ab 28. August) Kaiser Ferdinand II. (1619–1634) mit Herzog Maximilian I. von Bayern (1575–1651), dem Führer der (katholischen) Liga.

1620 Bei der Schlacht am Weißen Berge bei Prag (8. November) wird Böhmen besiegt, die Anführer des Aufstands werden hingerichtet, die Protestanten (rund 150 000) ausgewiesen. Die Union löst sich weitgehend auf; vereinzelt weiterkämpfende Unionisten werden von spanisch-niederländischen Truppen und dem Liga-Heer unter Johann Tserclaes Graf von Tilly (1559–1632) aus der Ober- und Kurpfalz vertrieben.

1621–1628 Spanischer Feldzug gegen die Niederlande.

1623 Maximilian I. von Bayern erhält die pfälzische Kurwürde und die Oberpfalz.

1625 Albrecht von Wallenstein (1583–1634) stellt dem Kaiser ein eigenes Söldnerheer zur Verfügung und erhält den Oberbefehl über alle kaiserlichen Truppen. Die Streitmacht der Union sammelt sich unter dem Herzog von Holstein, d. i. König Christian von Dänemark (1577–1648).

Dänisch-Niederländischer Krieg

1625–1629 Der Dänisch-Niederländische Krieg.

1626 Erneuter Sieg der katholischen Liga.

1628 Truppen Wallensteins, jetzt General des Baltischen und Ozeanischen Meeres, belagern erfolglos Stralsund, das von Dänemark und Schweden unterstützt wird.

1629 Kaiser Ferdinand II. erlässt am 6. März den Restitutionsedikt und löst mit der Aufforderung zur Rückgabe aller von den Protestanten eingezogenen geistlichen Güter internationale Reaktionen aus (Gewichtsverlagerung zugunsten der Katholiken).

1630 Die zunehmende kaiserliche Macht betrachtet Maximilian I. von Bayern als eine Gefahr für den Reichsfürstenstand; auf dem Kurfürstentag zu Regensburg betreibt er deshalb die Entlassung Wallensteins.

Schwedischer Krieg

1630–1635 Der Schwedische Krieg.

1631 Truppen Tillys erobern Magdeburg, werden anschließend in der Nähe von Leipzig von schwedischen Truppen besiegt.

1632 Die schwedischen Truppen unter Gustav II. Adolf (1594–1632) dringen bis nach Süddeutschland vor; in der Schlacht bei Rain am Lech (nördlich von Augsburg) wird Tilly getötet, Wallenstein erneut zum Oberbefehlshaber ernannt.
Im November kommt es bei Lützen zu einer unentschiedenen Schlacht zwischen den Truppen Wallensteins und denen Gustavs II. Adolf, der dabei getötet wird.

1633 Die protestantischen Reichsstände schließen sich im Heilbronner Bund zusammen unter der Führung des schwedischen Reichskanzlers Axel Oxenstjerna (1583–1654).

1634 Sein Machtzuwachs und Friedenspläne hinter dem Rücken des Kaisers führen zur Absetzung und Ächtung Wallensteins; er wird am 25. Februar in Eger ermordet.
Nach der Niederlage der protestantischen Truppen bei Nördlingen löst sich der Heilbronner Bund wieder auf.

1635 Der Kaiser und Kursachsen schließen den Frieden von Prag. Die kriegerischen Auseinandersetzungen dehnen sich weiter international aus; das Haus Habsburg soll geschwächt werden.

1635–1648 Der Schwedisch-Französische Krieg.

Schwedisch-Französischer Krieg

1637 Ferdinand III. (1608–1657) wird neuer Kaiser.

1644 Eröffnung von Friedensverhandlungen von Kaiser und Reich mit Schweden in Osnabrück und mit Frankreich in Münster / Westfalen.

1648 Erst nach vier Jahren weiterer Kämpfe kommt es zum Frieden von Münster und Osnabrück (Westfälischer Frieden).

Daten zur Entstehungsgeschichte des Stücks, zu den Inszenierungen und zum Film

1939 Mitte September – nachdem Brecht in Lidingö bei Stockholm die Idee zum Stück offenbar bereits verfolgt – möchte er von der schwedischen Schauspielerin und Theaterpädagogin Naima Wifstrand (1890–1968), mit der Helene Weigel (1900–1971) und er im schwedischen Exil häufiger zusammentreffen, genauere Informationen über eine in Schweden legendäre Marketenderin. Wifstrand weist ihn auf das Gedicht *Lotta Svärd* in der Sammlung *Fähnrich Stahl* von Johan Ludvig Runeberg (1804–1877) hin (→ S. 120–125).

Vorlage

In der Zeit vom 27. September bis zum 3. Oktober 1939 erfolgt die erste Niederschrift von *Mutter Courage und ihre Kinder*.

Mitte Oktober berichtet Margarete Steffin (1908–1941) dem dänischen Journalisten (und Brecht-Übersetzer) Knud Rasmussen von der neuen Arbeit mit einer »Hauptrolle für Naima Wifstrand«, aber auch für die Weigel sei »eine sehr schöne Rolle drinnen: ein stummes Mädchen« (BBA E 10/15). Kurz darauf schickt sie Rasmussen den Text und möchte sein Urteil wissen (BBA E 10/20).

Auch Wifstrand erhält ein Exemplar mit Brechts Widmung: »Meiner Mutter Courage Naima Wifstrand in Dankbarkeit.«

1940 Im Januar schreibt Brecht an Rasmussen, dass dieser – wenn er Zeit habe und meine, dass sich »die so kriegerischen Dänen ein so friedliches Stück ansehen« – mit der Übersetzung der *Courage* beginnen solle, da andere Arbeiten von ihm noch nicht fertig seien. Brecht selbst sieht für das Stück eher »schwarz im Augenblick, es geht hier ganz zu wie im *Dreigroschenroman*, wobei ich an das Kapitel *Liebesgaben* [GBA 16, 190–193] denke« (Brief 911).

Am 12. Februar 1940 kann Brecht mit dem Stockholmer

Teaterförlag Arvid Englind einen Vertrag für Aufführungen von *Mutter Courage und ihre Kinder* (sowie für *Leben des Galilei*) abschließen, bezogen auf Skandinavien und andere europäische Länder (Hecht, 1997, 601).
Brecht, seine Familie und sein Team fliehen am 17./18. April 1940 von Stockholm nach Finnland. Da er in Helsinki durch Aufführungen seiner Stücke bekannt ist, interessieren sich die Zeitungen für ihn (zwei Interviews am 21. und 26. April). Er spricht dabei u. a. von geplanten Aufführungen von *Mutter Courage* in Stockholm und in Zürich.
Brecht schickt das Stück am 10. Juni auch an Nicken Rönngren, den Leiter des Schwedischen Theaters in Helsinki (Brief 927).
Am 1. August 1940 berichtet er der American Guild for German Cultural Freedom, die ihn finanziell unterstützt: »Diesen Herbst sollte in Oslo, Stockholm, Zürich und Basel ein Stück von mir, *Mutter Courage und ihre Kinder*, aufgeführt werden, das ist jetzt natürlich nicht möglich« (Brief 938).
Mitte des Monats sieht Brecht eine andere Verwertungsmöglichkeit des Stoffes: Hans Tombrock (1895–1965), der Radierungen zu *Leben des Galilei* gemacht hat, schlägt er vor, auch Zeichnungen zu *Mutter Courage* anzufertigen: er »würde eine Art Novelle dazu schreiben können, das gäbe ein kleines Buch« (Brief 938).
Margarete Steffin spricht am 22. August Ninnan Santesson gegenüber von der Chance, dass *Mutter Courage* im Arbeitertheater in Helsinki auf Finnisch aufgeführt werden könnte mit Helene Weigel als Kattrin (KBS, in: Neureuter, 1987, A 232f.).
Ende August 1940 gibt es sogar eine Zeitungsmeldung über die geplante Uraufführung an einem Theater in Helsinki, die Brecht jedoch selbst – zumindest in einem Brief an Naima Wifstrand in Stockholm – dementiert: Sie habe auf jeden Fall das Vorrecht zu einer Inszenierung, andere Abmachungen gebe es nicht. Und: »Könntest Du übrigens nicht auf jeden Fall Hilding Rosenberg (1892–1985) bitten, die Songs zu komponieren?« (Brief 939)

Brecht beschäftigt sich zu dieser Zeit – zusammen mit Hella Wuolijoki – hauptsächlich mit dem Stück *Herr Puntila und sein Knecht Matti*, das er am 19. September abschließt.
In einem Interview erklärt der finnische Regisseur Eino Salmelainen am 4. Oktober, dass er *Mutter Courage* inszenieren wolle. Daraufhin setzt sich Brecht mit dem Komponisten Simon Parmet (1897–1969) in Verbindung, der sich auch überreden lässt und bis 16. Oktober drei Kompositionen vorlegt (GBA 26, 436).
Im Zusammenhang mit den in Aussicht stehenden Inszenierungen geht Brecht mit dem ebenfalls emigrierten Schauspieler Hermann Greid (1892–1975) im Dezember 1940 einzelne Szenen durch und versucht, die Fabel in Titeln zusammenzufassen, die sowohl eine soziale als auch eine kritische Qualität enthalten (GBA 26, 445f., 450).
Keine der geplanten Inszenierungen kommt in diesem Jahr zu Stande (auch in der folgenden Zeit nicht); im Dezember-Heft 12 der Zeitschrift *Internationale Literatur*, Moskau, wird aber die sechste Szene unter dem Titel *Feldhauptmann Tilly wird begraben* vorabgedruckt mit dem Hinweis: *Aus »Mutter Courage«. Eine Chronik aus dem Dreißigjährigen Krieg* (S. 3–8).

1941 Seit Jahresbeginn wird immer wahrscheinlicher, dass die Uraufführung am Schauspielhaus in Zürich stattfinden wird. Während Brecht im Januar das Stück *Der gute Mensch von Sezuan* beendet, stellt Simon Parmet die Musik zu *Mutter Courage* fertig. Brecht schickt den Klavierauszug am 1. Februar an den Baseler Theaterverlag Kurt Reiss und stellt die einzelnen Instrumentierungen in Aussicht, wenn sich der Verlag definitiv zur Annahme des Stücks entschließen sollte (Brief 960). *Mutter Courage und ihre Kinder. Eine Chronik aus dem Dreißigjährigen Krieg* erscheint in diesem Jahr als Bühnenmanuskript bei Kurt Reiss.
Während Brecht an *Der Aufstieg des Arturo Ui* arbeitet, beginnen in Zürich die Aufführungsvorbereitungen un-

ter der Regie von Leopold Lindtberg; die grundsätzlich zugestandene Möglichkeit, auch eine andere Musik als die von Parmet zu verwenden (Brief 960), wird genutzt: Der Schweizer Paul Burkhard (1911–1977) schreibt für die Aufführung eine Musik zu *Ein' Schnaps, Wirt, schnell*; *Lied von der Bleibe*; *Mutter Courages Lied*; *Salomon Song*.

Am 19. April 1941 findet die Uraufführung des Stücks statt: Bühnenbild von Teo Otto (1904–1968); Therese Giehse spielt die Courage (insgesamt zehnmal). Uraufführung

Im Mai treffen nach langem Hin und Her die beantragten Visa für die USA ein: Brecht, die Familie, Ruth Berlau, Margarete Steffin verlassen Finnland.

1945 Sein früher Förderer Herbert Jhering (1888–1977), jetzt Chefdramaturg am Deutschen Theater in Berlin, informiert Brecht in Kalifornien vom großen Interesse an einer Inszenierung von *Mutter Courage und ihre Kinder* (sowie *Leben des Galilei*) (BBA 211/28). Nachdem Brecht auch wieder Kontakt zu Peter Suhrkamp (1891–1959) hat, der ihn vertreten soll, weist er diesen darauf hin, dass er »die Hauptrolle für die Weigel geschrieben« habe und deshalb bei Interesse »ein Gastspiel der Weigel« ermöglicht werden sollte (Brief 1200).

1946 Am 31. März meldet sich Herbert Jhering erneut; Helene Weigel wird eingeladen, in Berlin die Courage zu spielen. Die Erstaufführung auf deutschem Boden findet dann aber am 2. Juni 1946 an den Bodensee-Bühnen in Konstanz statt. Regie: Wolfgang Engels, Bühnenbild: Ulrich Damrau, Courage: Lina Carstens (Hecht, 1997, 775).

Paul Dessau (1894–1979) erarbeitet in den USA eine Bühnenmusik zum Stück; sie liegt Ende August vor und wird von Brecht für verbindlich erklärt. Vertonung von Paul Dessau

1947 Ein zweites Bühnenmanuskript des Stücks erscheint im Suhrkamp Verlag vormals S. Fischer in Berlin.

Daneben gibt es in diesem Jahr mehrere Teilabdrucke in Zeitschriften: in *Die Fähre*, München, Heft 1, S. 35–42; in *Das Silberboot*, Salzburg, Heft 1, S. 41–47 (Auszüge aus den Szenen 9 und 11); in *Theater der Zeit*, Berlin

(Ost), Heft 6, S. 10–12 (Szene 6: *Feldhauptmann Tilly wird begraben*).

Im September 1947 kommt es zu ersten Überlegungen, den Stoff zu verfilmen. Brecht fragt seinen langjährigen Freund und Mitarbeiter Emil Burri (1902–1966), ob *Mutter Courage und ihre Kinder* »einen Film abgäbe« (Brief 1252).

Bald nachdem Brecht im November nach Europa zurückgekehrt ist, geht es um die Wiederaufnahme der Zusammenarbeit mit dem Bühnenbildner Caspar Neher (1897–1962) und um eine spezielle Rolle für Helene Weigel, die sie nach fast 15 Jahren ohne Bühnenpraxis auf die Courage in Berlin vorbereiten soll: Brecht bearbeitet *Die Antigone des Sophokles*, die ab Februar 1948 zunächst in Chur (Graubünden), dann auch in Zürich aufgeführt wird.

Überarbeitung des Textes

1948 Im Januar überarbeitet Brecht *Mutter Courage und ihre Kinder* im Hinblick auf die geplante Berliner Inszenierung.

Horst van Diemen, der Schauspieldirektor des Staatstheaters in Dresden, fragt am 28. Mai beim Theaterverlag Reiss nach den Aufführungsrechten für das Stück in seinem Haus; er lädt Brecht ein, die Regie zu übernehmen, Helene Weigel soll die Hauptrolle spielen.

Ende Oktober 1948 treffen Brecht und Weigel in Berlin ein. Die Vorbereitungen für die Inszenierung beginnen im November einerseits mit der Suche und Erprobung junger Schauspieler, andererseits mit der Einbeziehung von Erich Engel (1891–1966) in die Regiearbeit, außerdem mit weiteren Änderungen am Text, die die nach der Uraufführung aufgekommenen Missverständnisse verhindern sollen (vgl. auch S. 153ff.).

Im Neuen Theater in der Scala in Wien hat *Mutter Courage und ihre Kinder* – »neu erarbeitet vom Zürcher Team der Uraufführung, Leopoldt Lindtberg, Teo Otto, Therese Giehse«, rund siebeneinhalb Jahre nach der ersten Inszenierung – am 2. Dezember 1948 Premiere.

Im Ost-Berliner Dietz-Verlag erscheint erstmals Franz

Carl Weiskopfs *Unter fremden Himmeln. Ein Abriß der deutschen Literatur im Exil 1933–1947*; in den Anhang dieses Bandes mit *Textproben aus Werken deutscher Schriftsteller im Exil* ist an zweiter Stelle unter der Überschrift *Mutter Courage* der erste Teil von Szene 11 (S. 120–123) zitiert (entspricht im vorliegenden Band: 95,1 – 98,21).

Weitere Auszüge des Stücks erscheinen in diesem Jahr in verschiedenen Zeitschriften: in *Ulenspiegel*, Berlin (Ost), im 1. Maiheft (*Denken Sie selber! (Ein Auszug aus Brechts Schauspiel aus dem Dreißigjährigen Krieg »Mutter Courage und ihre Kinder«)*, S. 4), im August-Heft der Zeitschrift *Heute und Morgen*, Schwerin (*Mutter Courage zieht Bilanz*, S. 511–515), und im *Neuen Deutschland*, Berlin (Ost) am 24. Oktober (*Mutter Courage zieht Bilanz. Eine Szene aus dem Drama »Mutter Courage«*).

Vermutlich um die Jahreswende 1948/49 (Erscheinungsjahr auf dem Umschlag: 1948; beim Copyright: 1949) erscheint im Verlag »Lied der Zeit« in Berlin (Ost) die Ausgabe: Brecht / Dessau, 7 *Lieder zu Mutter Courage und ihre Kinder* (Texte und Noten zu *Mutter Courage's Lied*, *Die Ballade vom Weib und dem Soldaten*, *Lied vom Fraternisieren*, *Das Stundenlied (aus dem 17. Jahrhundert)*, *Lied von der Bleibe*, *Salomon Song* und *Lied von der großen Kapitulation*).

1949 Nach zahlreichen Proben und einer geschlossenen Voraufführung für Gewerkschaftsmitglieder am 9. Januar hat Brechts Berliner Inszenierung am 11. Januar im Deutschen Theater im sowjetischen Sektor Premiere; die Courage spielt Helene Weigel (sie erhält dafür im August den Nationalpreis II. Klasse). Die Aufführung findet in Ost und West ein positives Echo (→ S. 137ff.). Andererseits löst sie noch im Januar einen grundsätzlichen Kritikerstreit über Brechts episches Theater aus (→ S. 145ff.). – Außerdem ebnet sie aber auch den Weg für Brechts Theaterprojekt in Berlin, die Gründung des Neuen Berliner Ensembles (später: Berliner Ensemble oder kurz BE), die das Zentralkomitee der SED am 1. April be-

Brechts Berliner Inszenierung

schließt; am 18. Mai 1949 wird schriftlich festgehalten: »Es wird bestätigt, dass das Berliner Ensemble, Leitung Helene Weigel, eine Institution der Deutschen Verwaltung für Volksbildung in der sowjetischen Besatzungszone ist. Da die Deutsche Verwaltung für Volksbildung Rechtsträger dieser Institution ist, bedarf sie einer besonderen Zulassung durch den Magistrat von Gross-Berlin nicht. – Frau Helene Weigel ist ab sofort mit dem Aufbau des Ensembles durch die Deutsche Verwaltung für Volksbildung beauftragt« (Hecht, 1997, 869).

Da mehrere Theater das Stück nachspielen wollen, kommt es zu ersten Überlegungen, die Berliner Inszenierung in Bild und Text zu dokumentieren: Ruth Berlau (1906–1974) fotografiert, der Regieassistent Klaus Kuckhahn schreibt zahlreiche *Regieanmerkungen*; es

Modellbuch

entsteht eine »Regiepartitur«, auf der das *Couragemodell 1949* basieren wird.

Die Berliner Inszenierung gastiert am 5./6. März 1949 während der Frühjahrsmesse in Leipzig, am 12. März und nochmals am 13. Juni in Weimar. Vom 25. bis 29. September findet die erste Gastspielreise in die Bundesrepublik statt: nach Braunschweig und nach Köln.

Bei Inszenierungsabsichten anderer Theater, z. B. in Freiburg i. Br., wünscht Brecht, dass Helene Weigel zumindest bei den letzten Proben mitarbeiten kann, um den Regisseuren seine Berliner »Musteraufführung« zu verdeutlichen und »individuelle Interpretation seitens der Regisseure« zu verhindern; die Inszenierungen kommen daraufhin nicht zu Stande (Hecht, 1997, 881).

Eine Ausnahme bildet die Inszenierung von Willi Rohde (*1910) an den Städtischen Bühnen Wuppertal (nach Brechts Modell) mit Elisa Tuerschmann (1897–1985) als Courage; sie hat am 1. Oktober Premiere.

Im September 1949 verhandelt Brecht mit Therese Giehse und den Kammerspielen über eine neue Inszenierung des Stücks durch ihn in München.

Ein drittes Bühnenmanuskript gibt es in diesem Jahr vom Theaterverlag Kurt Reiss, Basel. – Das Stück wird in das erste Nachkriegsheft der Reihe *Versuche* (Heft 9) im Suhrkamp Verlag aufgenommen (als 20. Versuch, zusammen mit *Fünf Schwierigkeiten beim Schreiben der Wahrheit*). Versuche, Heft 9

Weitere Auszüge sind erschienen in der *Berliner Zeitung* vom 9. Januar 1949 (*»Frieden, das ist nur Schlamperei...!« – Eine Szene aus »Mutter Courage und ihre Kinder«*), in der *Leipziger Volkszeitung* vom 20. Februar 1949 (*Der Werber und Mutter Courage. (Anfangsszenen.)*) und im *Neuen Deutschland* vom 6. März 1949 (*Die stumme Kattrin rettet Halle. Eine Szene aus »Mutter Courage und ihre Kinder«*).

Außerdem gibt es ein erweitertes Liederheft: Brecht / Dessau, *9 Lieder. Mutter Courage und ihre Kinder* (Texte und Noten) im Thüringischen Volksverlag.

Um die Pläne zu einer Verfilmung voranzutreiben – die nicht in der Aufzeichnung der Theaterinszenierung bestehen soll –, wird im Laufe des Jahres die DEFA eingeschaltet; sie bittet z. B. im Juni Caspar Neher um Mitwirkung am Drehbuch. Brecht legt sie im August einen Vertrag zum Film vor. – Im September 1949 schreibt Robert A. Stemmle (1903–1974) Entwürfe für ein Drehbuch, die aber von Brecht abgelehnt werden.

1950 Im Februar beginnen die Planungen zur Münchner Inszenierung des Stücks, mit der Hans Schweikert (1875–1965) von den Kammerspielen die Spielzeit 1950/51 eröffnen möchte. Münchner Inszenierung

Die zweite Auflage von *Versuche*, Heft 9, im Suhrkamp Verlag enthält den im Zusammenhang mit der Berliner Aufführung entstandenen veränderten Text.

Anfang des Jahres werden Joachim Barckhausen und Graf Alexander Stenbock-Fermor (1902–1972) beauftragt, ein Drehbuch zu schreiben, das von Erich Engel (1891–1966) als Regisseur umgesetzt werden soll. Auch dieser Anlauf wird bald aufgegeben.

Am 8. Oktober 1950 hat die Münchener Inszenierung Brechts nach dem Berliner Vorbild an den Kammerspielen Premiere; die Courage spielt Therese Giehse, die die

Rolle bereits 1941 bei der Zürcher Uraufführung übernommen hatte.
Bei dieser Gelegenheit verhandelt Brecht mit Emil Burri, den er als Drehbuchautor gewinnen möchte. – Brecht hält um diese Zeit die Fabel des geplanten Films fest: *Der Courage-Film (Kurze Zusammenfassung)* (GBA 20, 582–587). Außerdem schreibt er: *Wie muß die »Mutter Courage« verfilmt werden?* (GBA 20, 587f.; → S. 162f.).

1951 Im Aufbau-Verlag, Berlin/DDR, erscheint die Parallel-Ausgabe von *Versuche*, Heft 9 (mit einem Foto von Ruth Berlau aus der Berliner Inszenierung von 1949 auf dem Schutzumschlag). – Eine weitere Ausgabe des Stücks kommt in diesem Jahr im Dresdner Verlag heraus.
Im ersten Halbjahr stellen Brecht und Burri eine erste Fassung des *Courage*-Drehbuchs her.
Am 11. September 1951 geht die Neueinstudierung (auf der Grundlage der Berliner und Münchner Erfahrungen) durch das BE erstmals über die Bühne. (Von dieser Neuinszenierung ist eine Tondokumentation im Deutschen Rundfunkarchiv Berlin erhalten.)

Pläne zur Verfilmung

Ab Herbst 1951 (bis Februar 1952) und nach Beratungen mit der DEFA arbeiten Brecht, Emil Burri und der neu hinzugezogene Wolfgang Staudte (1906–1984) die sogenannte zweite Fassung des Drehbuchs aus. Brecht hat dazu in fünf Punkten *Einstweilige Vorschläge für Änderungen des Drehbuchs »Mutter Courage und ihre Kinder« nach der Diskussion vom 3.10.1951* gemacht (GBA 20, 589f.)

1952 In den Monaten März bis Juni erarbeiten Burri und Staudte eine dritte Fassung des Courage-Drehbuchs.
Im Dresdner Verlag erscheint der Band *Theaterarbeit. 6 Aufführungen des Berliner Ensembles*, hg. v. Berliner Ensemble u. Helene Weigel. Er enthält Texte Brechts und seiner Mitarbeiter sowie zahlreiche Fotos von Ruth Berlau, u. a. zu *Mutter Courage und ihre Kinder* (S. 227–284); zur Erläuterung der »Chronik« gehören außerdem Hans Mayers *Anmerkung zu einer Szene* (S. 249–253), *Die Sprache der Weigel* von Anna Seghers (S. 266f.) und Paul Dessaus Beitrag *Zur Courage-Musik* (S. 274–280).

1954 Vertragsabschluß mit dem Henschelverlag Kunst und Gesellschaft, Berlin/DDR, über eine Reihe *Modellbücher des Berliner Ensembles* (als erstes wird im folgenden Jahr die zweite Ausgabe von *Antigonemodell 1948* erscheinen).
Ende Juni / Anfang Juli 1954 nimmt das BE am ersten »Interkantonalen Festival der dramatischen Kunst« in Paris mit drei Vorstellungen von *Mutter Courage und ihre Kinder* teil und erhält den ersten Preis für das beste Stück und die beste Inszenierung.
Brecht, Burri und Staudte nehmen das Filmprojekt wieder in Angriff; ab Dezember (bis Juni 1955) wird von ihnen das endgültige Drehbuch erarbeitet (GBA 20, 215–384).

Das endgültige Drehbuch

1955 Nach Fertigstellung des Drehbuchs im Juni beginnen Mitte August die Dreharbeiten; sie werden nach rund vier Wochen abgebrochen: Brecht erhebt Einspruch gegen einen schlecht vorbereiteten »Superkolossalfilm« in Farbe mit Kostümen »für einen Operettenfilm«, der in großer zeitlicher »Hudelei« entstehen sollte (Brief 2188, an Therese Giehse).
Der Henschelverlag legt ein weiteres Bühnenmanuskript des Stücks vor.
1956 Brecht überarbeitet die Texte des *Couragemodells 1949* für die Buchausgabe und entscheidet über die endgültige Auswahl der Fotos.
1958 Das von Brecht vorbereitete *Couragemodell 1949* erscheint erst zwei Jahre nach seinem Tod im Henschelverlag. Die Mappe enthält in je einem Heft den *Text* des Stücks, Brechts *Anmerkungen* und *Szenenfotos der Aufführungen des Deutschen Theaters, des Berliner Ensemble und der Münchener Kammerspiele von Ruth Berlau, Hainer Hill und Ruth Wilhelmi* (vgl. GBA 25, 169–398).
1960 Die Brecht-Schüler Peter Palitzsch (*1918) und Manfred Wekwerth (*1929) verfilmen für das DEFA-Studio für Spielfilme die Inszenierung des BE mit Helene Weigel (Courage), Angelika Hurwicz (Kattrin), Ekkehard Schall (Eilif), Heinz Schubert (Schweizerkas), Ernst Busch (Koch), Regine Lutz (Yvette) u. a.

Vorlage

Johann Ludvig Runeberg (1804–1877)

Lotta Svärd

Noch heute, wenn einer dann und wann
Am traulichen Abendherd
Trifft einen grauen Kriegsveteran,
Spricht er von Lotta Svärd.

Wie mürrisch auch sass der Alte zuvor,
Gleich fasst ihn Munterkeit,
Und um den zuckenden Schnauzbart macht
Behagliches Schmunzeln sich breit.

Er gedenkt, wie er oft nach der Schlacht Geras
Vom blutigen Siegesfeld
Ermattet kam und leerte sein Glas
In Lottas gebrechlichem Zelt.

Und fröhlich redet er wohl ein Wort
Von der Alten und lächelt soso.
Doch lachst du wieder, so knurrt er sofort,
Lachst du nicht warm und froh.

Denn sie war für das Heer in des Krieges Gefahr
Eine Perle echt und wert.
Ein wenig ward sie belächelt zwar,
Doch wahrlich mehr verehrt.

Und war sie schön und jugendzart?
Sie zählte zwanzig Jahr,
Als Gustav der Dritte König ward
Und sie im Lenze war.

Schon ehe der Edle in Finnland stritt,

War sie eines Kriegers Gemahl;
Als die Trommel erscholl und Svärd zog mit,
Folgt' sie dem dumpfen Schall.

Da war sie schön! Da fand man kein Kind
So wonnig an Mund und Gesicht,
Und mancher Krieger sah sich blind
An der braunen Äugelein Licht.

Doch ein Lenz ist flüchtig, die Blüte dorrt,
Ihr Lenz ging bald zu Tal;
Dreimaligen Wechsels schwand er fort,
Ein Drittel jedesmal.

Eins raubte des ersten Winters Qual,
Späte weichend und frühe gesandt;
Das zweite der erste Sommer stahl,
Es welkte sonnenverbrannt.

Das letzte Drittel, das noch stand hell,
Das hielt sie nicht sehr wert.
Sie liess es ertrinken im Tränenquell,
Als er kämpfend gefallen, ihr Svärd.

Und als wieder der Kriegssturm brauste daher
Und bei uns sie wieder erschien, –
Sie erinnerte kaum ihres Lenzes sich mehr,
So lang schon war er dahin.

Doch schön noch, wenn auch auf andre Art,
War sie für des Kriegers Gemüt,
Und oft noch mit Preisen genannt sie ward,
Wie da sie am schönsten geblüht,

Ob jetzt auch waren Falten zu schaun,
Wo früher Lachen und Licht,
Und ihr Auge nicht mehr allein war braun,
Nein, braun ihr ganzes Gesicht.

Sie liebte den Krieg, was auch er beschert,
Glück, Unglück, Freuden und Müh,
Und die grauen Jungen, die hielt sie wert,
Und darum liebten wir sie.

Und *den* fürwahr sie nimmer vergass,
Der mit Svärd bei der Fahne einst stand,
Nein, solchem mass sie volleres Mass;
Dafür war sie bekannt.

So folgte dem Heere sie treu und kühn,
Wohin auch ging sein Zug,
Und beim Schüssegeknatter und Kugelsprühn,
Da war sie nahe genug.

Denn der teuren Jungen stolzen Mut
Zu schauen, das liebte sie
Und meinte, wie nah sie auch stünde der Glut,
»Sie stünde nicht näher als die.«

Und ermattete einer in Feuer und Rauch
Und wurde verwundet vielleicht:
»Meine Bude muss stehen so nah doch auch,
Dass der Matte den Labtrank erreicht.«

Und die Bude verriet, ringsum geziert
Mit Fetzen, Flick und Stich,
Dass manche Kugel bei ihr quartiert.
Der Kunden rühmte sie sich.

Hör freundlich nun zu, ein Geschichtchen vernimm,
Das letzt von ihr, das ich sah!
Der Tag bei Oravais endete schlimm,
Wir mussten zurück. Ach – ja!

Sie war mit, und wahrlich, es war kein Spass,
Bis den Schatz aus dem Kampf sie bekam,
Ihr Zelt, ihre Karre mit Kessel und Mass,
Und den Schimmel, spatig und lahm.

Wir rasteten. Lotta hantierte gemach,
Hielt Schank, wie sie immer gewohnt,
Doch das Zelt war geborgen, sie stand, wo als Dach
Hochwiegende Tanne tront.

Und wir wussten, voll Trauer trug sie das Herz,
Ihr Lächeln betrog uns nicht;
Und lächelnd litt sie der Tapfren Schmerz,
Doch nass war ihr braunes Gesicht.

Da kam zu ihr, wie sie dort so stand,
Ein Dragoner, ein junger Gesell.
Von Übermut glomm seiner Blicke Brand,
Seine Stimme klangt spöttisch und gell:

»Schenk ein!« so schrie er, »Vor keinem bang!
Heut abend halte ich frei.
Denn Silber hab' ich, da hörst du den Klang,
Und Freunde schaff ich herbei.«

Sie schoss einen zornigen Blick auf den Held:
»Es ist gut, jetzt kenne ich dich!
Für die Mutter, die arme, zogst du zu Feld,
Doch wie kämpftest du heute? Sprich!

Du sassest im Zelte und klagtest weich,
Du seiest verwundet schwer.
Jetzt trägst du Rosen, da warst du bleich.
Wo ist deine Wunde? Zeig her!

Sag nicht, dass die Mutter schon deckt der Sand,
Dass für sie du nicht zogst in den Streit –
Deine alte Mutter ist dieses Land,
Das hast du verraten heut.

Und hättst du dein Ränzel von Schätzen geschwellt
Und ein Meer voll zu schöpfen davon,
Bei Gott, keinen Tropfen für all sein Geld
Je gäbe ich solchem Sohn!«

Sie stemmte geballt in die Seite die Hand,
Das war so der Alten Manier,
Und der reiche Prahler nicht mehr gut fand,
Sich nahe zu wagen ihr.

Doch ein wenig fern an des Weges Hang,
Da sass ein Jüngling allein.
Zu ihm hinüber ihr Blick oft sprang
Wie mildester Sternenschein.

Wohl sah man, trat man ihm nahe genug,
Wo er sass auf die Flinte gesenkt,
Dass er mühsam gefolgt dem eilenden Zug,
Dass sein Rock von Blute getränkt.

Auf ihn zu blicken liess sie nicht ab,
So mütterlich warm und rein,
Als ob jegliches Glas, das den Kunden sie gab,
Für ihn nur sie schenkte ein.

Doch als er versank nur mehr und mehr
In der Trauer düstere Ruh,
Das wurde das Warten ihr zu schwer,
Da rief sie laut ihm zu:

»Komm her, ein Schluck ist immer noch da!« –
Die Stimme zitterte ihr –
»Ein Trunk, mein Junge, gibt Trost; ach ja,
den braucht jetzt jeder hier.

Du schämst dich? Lass nur! Ich weiss, mein Freund,
Dass Gold dein Ränzel nicht bläht.
Aus dem Waldhof zogst du hinaus in den Feind,
Da hast du kein Geld gemäht.

Doch wo es Blut galt, Preis du gewannst,
Das sah ich auf Lappos Plan,
Und im Kampf um die Ruona-Brücke, da standst
Du zuvorderst; denkst du daran?

Drum lockt dich ein Trunk, komm wohlgemut,
Sorg nicht, wer ihn zahlen soll!
Ein Gläslein hast du für Lappo zugut,
Für Ruona zwei hochvoll.

Wenn mein tapferer, freundlicher Svärd noch heut
Hätt' können im Feuer stehn,
Und hätte dich bluten und doch im Streit
Zuvorderst wieder gesehn, –

Dann stündest du jetzt ihm dicht gesellt
Wie ein Sohn bei dem Vater, fürwahr!
Und so wahr ich lebe, die ganze Welt
Sah nie ein edleres Paar!«

Da kam der Soldat, und sie füllt ihm das Glas
Hochvoll, und als er es nahm,
Da fehlte nicht viel, dass er über das Mass
Zwei Tränen zubekam. –

Ja, seit ich sie sah, die Zeit liegt fern,
Doch vergessen kann ich sie nie.
Ich gedenke der Alten gar so gern;
Sie verdient, dass man denkt an sie.

Denn sie war für uns in des Krieges Gefahr
Eine Perle echt und wert;
Ein wenig ward sie belächelt zwar,
Doch wahrlich mehr verehrt.

(Aus: Johan Ludvig Runeberg, *Fähnrich Stahl*. Mit Zeichnungen von Albert Edelfelt. Deutsch von Wolrad Eigenbrodt, Helsingfors: Söderström & Co. Förlagsaktiebolag, Neue revidierte Ausgabe 1942, S. 152–160)

Die Uraufführung in Zürich (19.4.1941)

Bernhard Kissel

[. . .] Was geschieht in diesem Schauspiel? Nichts und alles. Eine Marketenderin, Mutter Courage, zieht mit ihrem Rollwagen und ihren drei Kindern Eilif, Schweizerköbi und der stummen Kattrin in den Dreißigjährigen Krieg. Sie verliert sie, eines nach dem andern. Eilif, der erste, kämpft als tapferer Soldat und fällt als schimpflicher Marodeur – sagt man, obwohl er hier wie da dasselbe tat, totschlagen. Der zweite stirbt an seiner Ehrlichkeit, denn er bringt die Regimentskasse in Sicherheit, obwohl Mutter Courage ihm doch eingebläut hat:

Verlust der Kinder

»Schweizerköbi, deine Gewissenhaftigkeit macht mir fast Angst. Ich hab dir beigebracht, du sollst redlich sein, denn klug bist du nicht, aber es muß seine Grenzen haben!« [Vgl. 40,29–32]

Doch der Krieg frißt seine Kinder, und selbst die stumme Kattrin muß dahinfahren, obwohl sie doch in diesem Glaubenskrieg, da es so gefährlich ist, den Mund aufzumachen, am besten versehen war. Als der Feind zur nächtlichen Stunde der Stadt naht, trommelt sie die Wachen heraus und wird dafür umgebracht. Nur Mutter Courage selbst übersteht den großen Krieg, zieht weiter und singt dazu ihre traurig-schönen Lieder, räsoniert mit dem Feldprediger, kokettiert mit dem Koch und hält durch. Was also geschieht? Nichts und alles. Es ist Krieg, wie es heute Krieg ist, und es leben und sterben die Menschen und versuchen, sich einen Vers aus allem zu machen.

Die Songs

Aber diese Ballade des Lebens im Krieg, wie sie Brecht singt, hat etwas von der verzweifelten Frömmigkeit eines Angelus Silesius, ihre Sprache ist wie Luthers Sprache, stark, aus grobem Holz und ehrlich. Es ist die Sprache eines großen Gläubigen, der nicht an die Menschen, aber an das Leben glaubt. Und die *Songs*, die Brecht dichtet und zu denen jetzt Paul Burkhard die richtigen Melodien schrieb, schreien wie das inbrünstige Flehen Hiobs gen Himmel und man spürt in ihnen alle Not und allen Kummer

unserer eigenen bitteren Tage. Aber man spürt auch die große Kraft, die uns alles Leid und alle Sorgen tragen hilft. Mutter Courage nennt die Dinge schon beim Namen, aber der Feldprediger, ihr Freund, hat ganz recht, wenn er ihr sagt: »Courage, ich habe mir oft gedacht, ob Sie mit Ihren nüchternen Reden nicht nur die warmherzige Natur verbergen. Auch Sie sind ein Mensch und brauchen Wärme.« [Vgl. 70,6–9]
Sie ist's, diese herrlich freche, großartige Mutter ihrer Kinder, die der Krieg verschlingt. Und so, wie Charles de Costers Thyl Ulenspiegel, dieser streitbare Narr, mutig kämpfend durch Flanderns blutige Gefilde wandert, aus der Narretei der Zeit in die große Ewigkeit marschiert, die alle erwartet, die für Wahrheit und Freiheit sterben, so marschiert Bert Brechts Mutter Courage von den Schlachtfeldern des Dreißigjährigen Krieges in unsere Tage, Tränen, Lachen und gewaltigen Trost in ihrem Rollwägelchen.
Aber ein Wort wenigstens noch zur Inszenierung dieser Uraufführung, der Leopold Lindtberg mit dem Ensemble zu einem Erfolg verhalf, der sich jedenfalls nicht im hörbaren Beifall erschöpfte, so begeistert auch applaudiert wurde. Teo Ottos Bühnenbild war in seiner ungewissen, düster flackernden Linienführung eine schrecklich imprägnante Vision, ein Schlachtfeld des Menschenherzens, und wenn wir außer Steiners Feldprediger, Heinzens Koch, Angelika Arndts Yvette, Langhoffs Eilif und Parylas Schweizerköbi nur noch Erika Peschs stumme Kattrin nennen wollen, die auch ohne Worte ihre erschütternde Geschichte der Kriegsmädchen ohne Männer zu erzählen vermochte, eine unvergeßliche Leistung, soll sich darum keiner zurückgesetzt fühlen, denn der Theaterzettel [vgl. GBA 26, 481] dieser Uraufführung war für jeden, der dabei war, ein Ruhmesblatt.
Und ihnen allen voran marschierte Therese Giehse, Mutter Courage selbst, so wie Bert Brecht sie vor sich gesehen haben muß, als er dieses Denkmal der unbekannten Mutter schuf: lachend, singend, weinend, schnödend, nur eine Marketenderin und doch jeder Blutstropfen unsterbliches Leben, jeder Atemzug lebendige Liebe, jedes Lachen strotzende Kraft, als Ruine noch stärker als der Tod. Im Sterben noch Leben gebärend – die drei unsterblichen Kinder Mut, Wahrheit und Liebe.

Die erste Mutter Courage: Therese Giehse

(*Tages-Anzeiger*, Zürich, 21. April 1941)

Bernhard Diebold
»Mutter Courage und ihre Kinder«. Uraufführung der dramatischen Chronik von Bertolt Brecht

Grimmelshausen

Längst vor Bert Brecht war die Marketenderin Courage im siebzehnten Jahrhundert eine literarische Berühmtheit. In der großartigsten Romandarstellung des Dreißigjährigen Krieges, in Grimmelshausens *Simplizissimus* von 1669, wurde sie vom Dichter zwar nur als Nebenfigur zitiert, um aber dann ob ihrer unverwüstlichen Animalität einer besonderen Monographie gewürdigt zu werden, des Titels:
... Ausführliche und wundersetzame Lebensbeschreibung der Ertzbetrügerin und Landstörtzerin Courasche, Wie sie anfangs eine Rittmeisterin, hernach eine Hauptmännin, ferner eine Leutenantin, bald eine Marketenderin, Mußquetirerin und letztlich eine Zigeunerin abgegeben, Meisterlich agiret und ausbündig vorgestellt: Ebenso lustig, annehmlich und nützlich zu betrachten als Simplicissimus selbst. Alles miteinander von der Courasche eigener Person dem weit- und breitbekannten Simplicissimo zum Verdruß und Widerwillen, dem Autori in die Feder dictirt ... und so weiter ... Denn dieser Titel ist noch lange nicht fertig. Aber schon dieses Teilstück erzählt uns, daß es sich um einen erbarmungswürdigen Lebenslauf in absteigender Linie handelt. Es ist ein Greuelbild des Krieges, ohne Verklärung durch Ehrenruhm oder geistliches Bekenntnis und – unter betonter Distanzierung des Dichters – *von unten* gesehen: aus der Froschperspektive.

Tragikomödie

Vor diesem chronikalischen Hintergrund baut Brecht seine tragikomische Jahrmarktsbude auf, in der er als ein höherer Bänkelsänger gleich wie in der *Dreigroschenoper* seine Satire höhnt und singt zugunsten der Kleinen in der Masse und gegen die Großen, die auf weltlichen und geistlichen Thronen »ihren Krieg machen«. Im Marketenderwagen der aus der simplizianischen Zigeunerin zur braven Mutter bekehrten Courage fahren wir durch elf Bilder und zwölf Jahre – von 1624 bis 1636 – im Dreißigjährigen Krieg herum: durch Schweden, Polen, Bayern und Sachsen. Wir erleben das Glockengeläute mit falscher Friedenshoffnung nach Gustav Adolfs Tod und General Tillys Begräbnis

– bei dem die Glocken aber schweigen müssen, weil die dazugehörigen Kirchen zerschossen sind. Aus dichterischer Vision skizziert Brecht schwarz auf weiß die Situationen, überträgt sie in einen lebensfarbenen, dem alten grobianischen Sprachgebrauch angenäherten Dialog, schafft eine von brutalsten und oft auch menschlichsten Impulsen und Gesängen getriebene Szenik: eine Prüfung der Kreatur zwischen Schandtaten und Opfern. Eine grauenhafte Umkehrung der humanen Werte wird offenbar aus den Worten des Feldwebels: »Man merkt's, hier ist schon lange kein Krieg gewesen. Wo soll da Moral herkommen? frag' ich. Frieden, das ist nur Schlamperei. Erst der Krieg schafft Ordnung. Die Menschheit schießt ins Kraut im Frieden. Jeder frißt, was er will [. . .] Ohne Ordnung kein Krieg!« [Vgl. 9,23–10,6] Mutter Courage ihrerseits hat eine nicht minder sarkastische Gegenmeinung: »In einem guten Land braucht's keine Tugenden. Alle können ganz gewöhnlich sein, mittelgescheit und meinetwegen Feiglinge.« [Vgl. 26,31–33] Der Zwangs-Moral begegnet sie mit Anarchie. Der Teufel wird mit Beelzebub ausgetrieben.

Mutter Courage selber wird also keineswegs nur in Verklärung beleuchtet. Sie ist in ihrer Derbheit ein warmblütiges Muttertier, das seine eigene Brut vor Greuel und Kriegsdienst bewahren möchte – und ebenso eine Kriegslieferantin und »Hyäne des Schlachtfelds«, die selbst noch während des Standgerichts gegen den eigenen Sohn das Markten nicht vergißt und, um sich selbst zu retten, die Leiche des Sohnes verleugnet. Denn von heldischem Verhalten hält diese Landstörtzerin nicht viel. Bei Tillys Tod wird man belehrt: »Solche finden sich ein Dutzend, Helden gibt's immer.« [Vgl. 65,10–11] Siege oder Niederlagen bedeuten ihr nur gute oder schlechte Geschäfte. »Die Ehr ist verloren, aber sonst nix« [vgl. 40,12–13] wirkt wie ein Witz auf den Stoßseufzer König Franz' des Ersten: »Alles verloren außer der Ehre.« Sogar ihre eigene mannhafte Courage, von der sie ihren soldatischen Ehrentitel erhalten hat, materialisiert sie durch die »wirtschaftliche« Erklärung: »Courage heiß ich, weil ich den Ruin gefürchtet hab, [. . .] und bin durch das Geschützfeuer von Riga gefahren mit fünfzig Brotlaib im Wagen [. . .] Ich hab keine Wahl gehabt.« [Vgl. 11,22–26]

Zwanghafte Geschäfte

... keine Wahl gehabt! Ja, das haben sie alle nicht in Brechts zoologischer Menschenwelt, wo nicht einmal eine fiktive Freiheit des Willens gilt. Man *muß* hier immer – das Gute und das Schlechte – man *will* es nie. Man ist unfrei wie ein armes Tier. Der Koch weiß es in seinem Bettelsang: daß Salomons Weisheit, Cäsars Kühnheit und Sokrates' Wahrheit zu nichts nütze sind. Man steht nun lediglich unter der Zwangs-Autorität des Magens, der Angst des Blutes. Und so ist auch die elementare Güte und Natürlichkeit Courages als Mutter ihrer Kinder nicht als Moral, sondern aus jenem Trieb zu werten, aus dem sie ihre Brut empfangen hat aus aller Welt. Sie selber nennt sich Anne Fierling. Aber ihr Ältester heißt nach dem Vater Nojoki und wird ein böser »finnischer Teufel«. Der Zweite wird nach seinem eidgenössischen Erzeuger »Schweizerkas« genannt, aber offiziell lautet sein Name Fejos nach jenem Ungarn, der seines Vaters Nachfolger war. Die Tochter Kattrin Haupt ist eine halbe Deutsche. Sie ist stumm von Kind auf, Opfer einer soldatischen Brutalität. Was sie nicht sagen kann, erlebt sie dreifach inwendig. Sie wird um einer menschlichen Tat willen im letzten Bild ihr Leben lassen müssen. Und dann muß die zum Bettelweib heruntergekommene Courage ihren Bagagekarren ganz allein weiterziehen. Denn Schweizerkas wurde erschossen, weil er ganz redlich die Feldkasse retten wollte. Und Eilif, den finnischen Teufel, haben sie wegen Raubüberfalls auf arme Bauern exekutiert ... Da zieht nun Mutter Courage weiter durch den Krieg, der noch zwölf Jahre wüten muß – obschon die Soldaten singen: »Der Krieg, der dauert hundert Jahr.« Sie aber singt, fromm wie ein Kirchenlied, zum schlimmen Schluß noch einmal ihre Auftrittsstrophe: »Das Frühjahr kommt. Wach auf, du Christ.« ... Elendiglich muß sie weiterzigeunern durch die Jahreszeiten ... immer getrieben ... unfrei ... ohne Wahl.

Und der Dichter Bertolt Brecht folgt ihr in wahlverwandter Unfreiheit des Willens auf den Karrenspuren, und folgert aus der Vagabunden-Ethik stillschweigend eine Weltanschauung für uns Satire alle. Denn eine Satire hat immer einen Sinn, der aus dem Gegenständlichen ins Prinzipielle zielt. Aber das Notrecht eines entrechteten Eulenspiegels bleibt nur im untersten Rang der Existenzbedingungen unserer Sympathie gewiß. Seine Narrenmoral bleibt rein individualistisch – ist *unübertragbar* auf die Verantwortlichen, wo es auch sei. So ist's mit Frau Courage. Eine herzbewegende Kreatur Gottes, vom Dichter offenbart nach Seele und Blut – aber als Trägerin irgendeiner Weltanschauung mit größter Entschiedenheit abzulehnen. Denn diese proletarisierende Umwertung von Salomons Recht und Cäsars Mut, von Sokrates' Wahrheit und des Menschen Ehre dient nicht einmal dem Zweck-Sinn eines praktischen Sancho Pansa, sondern lediglich der nihilistischen Entwertung allen Glaubens an Kultur. Keine alte Welt wird hier zerstört für eine bessere neue. Kein bekennerischer Tatmensch seines Willens wird hier offenbar, der die bösen Drachen der Menschheit um der Menschheit willen erschlagen soll. Nein, die Drachen haben gute Zeiten ohne Helden. Das Animal siegt. Der Mensch vernegert bis zur Primitivität. Und weil der Mensch »an sich« durchaus nicht gut ist – hat schon Kain den Abel erschlagen . . . Er hat auch »keine Wahl gehabt«.

Es ist ein Bilderdrama ohne Gegenbeispiel – ein dialogisierter Roman, durchsetzt mit jener echt Brechtschen Lyrik, die nach ihrer scheinbaren Naivität bald als »Lied«, nach ihrer rhythmisch sangbaren Präzision als »Song«, und nach ihrer schildernden Erregtheit oft als »Ballade« zur Form wird – ein unverkennbarer Wort-Stil eines »Originalgenies«, das selbst den Tonfall des 17. Jahrhunderts beherrscht und seinem eigensten Jargon unterordnet. Mit bewundernswerter Einfühlung hat Paul *Burkhard* als Bühnenmusiker die Weise des Autors der *Dreigroschenoper* erfaßt und in ein paar packenden Melodien neu geprägt, die er durch harmonische und instrumentale Färbung sowie durch rhythmischen Wechsel vor banaler Wirkung schützte. Man könnte sich denken, daß der eine oder andere dieser aus Heiterkeit und Klage gemischten Songs bald allgemein nachgesungen würde . . . Sonst hat die Aufführung wenig zur lyrischen Atmosphäre eines »Singspiels« beigetragen. Projizierte Hintergründe blieben nur Folie für die Figuren. Und wie im früheren Stumm-Film erklärten Schriftplakate die epische Bilderfolge. Die »Dekorationen« Ottos hielten sich in den von ihm geliebten »spanischen« Tönen einer graubraunen Düsternis. Die Kostüme zeigten, nach Brechts betontem Wunsch, wohlweislich nicht den

Die Songs

Die Projektionen

Glanz von »Wallensteins Lager«, sondern die Farbe von Elend und Armut. Nur die Lagerhure Yvette kam in Angelika Arndts blendender Erscheinung mit Federhut und roten Stiefeln sozusagen »in Callots Manier«, um, wenn auch nur in schäbigstem Zustand, an das Barock der üppigen Epoche zu erinnern.
Aber Therese *Giehse* stand mit ihrem großen Mutterherzen jenseits aller historischen Ansprüche schlechthin im Ewigen. Mochte sie noch so respektswidrige Dinge gegen das »Höhere« maulen und ihre Geschäftstüchtigkeit spielen lassen – sie wurde doch nie zur »Hyäne des Schlachtfelds«; und die von den rauhen Umständen geforderte Rauheit der Marketenderin trat fast zu stark zurück hinter der Strahlung ihres Gefühls und ihres ergreifenden Schmerzes, wenn sie die Kinder, eines nach dem andern, verlieren muß. Paryla, auch im Dreißigjährigen Krieg sofort zu Hause, war der gute Schweizerkas, der für die schweizerische Bühne vorsorglich vor der eventuellen Wut des Publikums in »Schweizerköbi« umgetauft wurde. Langhoff versetzte sich mit Energie in die robuste Kreatur des »finnischen Teufels«. Aus Erika Pesch schrie die arme Seele der stummen Kattrin mit ausdrucksvollster Mimik; und sie erfüllte die wortlose Erscheinung mit der Beredsamkeit des Herzens und der Tat: Fanatisch ertrommelte sie sich den Tod, durch die verbotenen Signale an den Feind. Außerhalb dieser Familie gab es ein paar leidige Fehlbesetzungen, die durch den kleinen Treffer in den Nebenrollen von Wlach, Brunner, Braun, Delmont u. a. nicht wettgemacht wurden. Der feine Lindtberg hatte als Regisseur die grobianische Derbheit der Epoche wie auch den bösartigen Sarkasmus Brechts nicht scharf genug erkannt oder absichtlich gemildert. Der Koch war kein verliebter Leichtfuß; der Feldprediger kein komischer Schmarotzer, der seine gelernte »Seelsorgerei« schimpflich vernachlässigt; und der uralte Obrist durfte niemals in solch verfehlter Maske uns etwas vormachen. Aber die trefflichen Spieler der Familie Courage rissen die Aufführung dennoch in die Höhe – ergriffen unsere Herzen – und setzten unsere Hände in jene langanhaltende Bewegung, die Applaus genannt wird.

(*Die Tat*, Zürich, 22. April 1941)

Das epische und balladeske, aus der Chronik des Dreißigjährigen Krieges und aus historisch-materialistischer Erkenntnis geschöpfte Bild-Drama *Mutter Courage und ihre Kinder*, ist, kurz gesagt, das Stück der Stücke, des bekennenden und kämpferischen, früher unentwegt dozierenden deutschen Dichters Bertolt Brecht. Weil die Spalten hier rationiert sind und der Raum für eine Auseinandersetzung mit diesem logischen und aufwühlenden, dennoch traurig-schönen und song-musikalischen Schau-Spiel, fehlt, weisen wir, zur Einführung vor dem Beschauen und Abhören des Dramas von der Mutter Courage, auf Peter Merins Abhandlung *Das Werk des Bert Brecht*. Der Aufsatz ist im 7. Heft des 5. Jahrganges (1935) der dem Krieg zum Opfer gefallenen [sie erscheint bis 1945] Zeitschrift *Internationale Literatur* erschienen. Merins Analyse ist eine geeignete Einführung zur vertieften Erfassung der dramatischen – mit Balladen durchwirkten – Epik Brechts. Sie läßt auch den weiten Weg des Dichters ahnen.

Dieses neudeutsche Dramatikergenie hat es sich nie leicht gemacht. Mit dem Meisterwurf *Mutter Courage*, der dem Datum nach keine ganz neue Arbeit ist, hat der für die Arbeiter denkende, für eine ausgeglichene soziale Welt kämpfende, unbestechliche Dramatiker seine – belehrbaren – Kritiker überzeugt und übertroffen.

Die epische Form

Bertolt Brecht hat vor bald einem Jahrzehnt in einem Schema die voneinander abweichenden Dispositionen und Techniken für die dramatische und die epische Form des Theaters [GBA 24, 78f., 85] aufgestellt. Im Rahmen eines sehr klug geschriebenen Aufsatzes, den die Programmzeitschrift des Schauspielhauses der *Uraufführung* von *Mutter Courage* widmet, wird, mit einer sehr richtigen Einschränkung, auf dieses Brecht-Schema hingewiesen. Meiner persönlichen Ansicht nach besteht der entscheidende, in uns Freude und Sicherheit auslösende Schritt nach vorwärts darin, daß es Brecht gelungen ist, eine *Verschmelzung*, eine homogene Mischung von *Dramatik* und *Epik* – in der auch Balladen mitklingen – zu erreichen.

Der eigenwillige, den nur auf das Ästhetische und Artistische eingeschworenen Kritikern stets unbequem gewesene Dichter-Dramatiker bietet, wiederum nur kurz gesagt, nicht mehr nur Ratio, nicht mehr nur ein »Lehrstück«, für das er quasi das deutsche parteipolitische Patent besaß, und womit er monumentale Propaganda ausüben wollte. Brechts *Mutter Courage* bietet Vernunft *und* Gefühl, Technik *und* Kunst, Doktrin *und* Leben. Dem Brechtschen Credo von der dramatischen und epischen Form des Theaters folgend, ergibt sich, nach meiner persönlichen Ansicht, aus den Kriegslebensszenen des Schicksals von Mutter Courage und ihren Kindern, deren Weg in den Tod vorgezeichnet ist, folgende episch-dramatische Brecht-Theaterform.

Das Kriegsstück von der Marketenderin Courage, die dank Grimmelshausens Simplizissimus seit 1669 keine Unbekannte ist, erzählt nicht nur Vorgänge, es verkörpert diese auch auf der Bühne.

Der Zuschauer

Es macht den Zuschauer nicht nur zum Betrachter, sondern verwandelt ihn zum Miteinbezogenen und verwickelt ihn gleichzeitig in Aktionen. Das Spiel weckt seine Aktivität und beansprucht dieselbe, es ermöglicht ihm Gefühle und wünscht von ihm Entscheidungen. Es vermittelt ihm Erlebnisse und Erkenntnisse und versetzt den Beschauer *in* eine Handlung und dennoch ihr gegenüber. Gleichzeitig wird mit Argumenten, aber auch mit Suggestion gearbeitet. Der veränderliche und der veränderte Mensch wird in Kurven verlaufenden Geschehnissen dargestellt, so daß sichtbar wird, wie die Welt ist und wie sie werden könnte, wenn sich der Mensch über die Triebe und gegen die Unordnungsgesetze erheben würde. Gegenüber den früheren reinen »Kopfstücken« zeigt die Kriegsbilderchronik vom Leben und Leiden von Mutter Courage und ihren Kindern auch die Triebe, nicht nur die Beweggründe des Menschen, der, in seiner Unvollkommenheit, sich selbst im Wege steht.

Die Frauenfigur

Rein mechanistisch geblieben ist nur die Schicksalsbestimmung der handelnden Personen; wenn die Marketenderin mit ihrem Planwagen (dem Hauptrequisit) zum erstenmal auf dem Schauplatz erscheint, dann enthüllt sie als Kartenschlägerin die schwarzen Kreuze, die den Tod ihrer Kinder ankündigen. Man weiß zum voraus, *was* geschehen wird, folgt aber trotzdem mit größter Spannung dem Ablauf des Geschehens – ein Beweis da-

für, wie stark Brecht das Epische dramatisiert, wieviel Kunst er auf das *Wie* verwendet. In diesem Stück der Stücke gibt es zwar viele Schauplätze; eine Landstraße mit einer schwedischen Stadt im Hintergrund, Zelt- und Feldlager, ein zerschossenes Dorf, ein Gehölz vor einer Stadt, eine winterliche Straße mit einem Pfarrhaus und ein Bauerngehöft.
Es ist aber immer der gleiche Schauplatz: der *Kriegsschauplatz*, überall und nirgends. Es ist auch immer, in hundert Variationen, in Dialogen, Monologen und in Balladen, die Rede vom nichtsnutzigen *Leben im Krieg*, und es ist immer wieder der gleiche Aufschrei, der in der Anklagerede von Mutter Courage im einen Satz zum Ausdruck kommt: *Der Krieg soll verflucht sein!* [Vgl. 72,31–32] Das ist der tiefe Sinn der episch-dramatischen Erzählung von Bertolt Brechts Mutter Courage und ihren Kindern, die uns lehren soll, wohin der Krieg führt: er frißt seine eigenen Kinder, selbst die, die vom Krieg leben und von ihm angeblich Nutzen ziehen. [. . .]

(*Volksrecht*, Zürich, 24. April 1941)

Elisabeth Thommen
Eine Uraufführung von Bertolt Brecht

Von Bert Brecht hat man lange nichts mehr gehört. In der Nachkriegszeit in Deutschland spielte sein dramatisches Schaffen eine vielumstrittene Rolle. Die »Dreigroschenoper« prägte sich ein und blieb trotz der um sie entbrannten unerfreulichen autorrechtlichen Diskussion unvergessen.
Heute bringt das Schauspielhaus Zürich eine Uraufführung von Brecht, »*Mutter Courage und ihre Kinder*, ein Schauspiel in 11 Bildern«. Anklänge an altes Volkstheater, filmische Eindrücke und neues Theaterwollen bilden in dem Stück eine interessante Mischung. Kaleidoskopartig rollen die Einblicke in verschiedene Lebensepochen einer Marketenderin an uns vorüber, packen, fesseln, ergreifen! Mit ihrem Wagen zieht Mutter Courage zur Zeit des Dreißigjährigen Krieges den Fronten entlang und verkauft ihre Ware an arme Soldaten und halbverhungerte Zivilisten. Auf diesem beschwerlichen und gefährlichen Lebensweg hat sich die Frau eine Fülle von klugen Lebenserfahrungen ange-

eignet, die sich an den realen harten Tatsachen des Daseins, an Armut und Schmerz, an Kampf und Not und menschlichem Ungenügen schulten und nicht an Scheinideologien.
Wir lernen die Frau in jenen reifen Jahren kennen, da Frauen- und Muttertum sich am ungehemmtesten entfalten. Ihre drei erwachsenen Kinder stammen alle von anderen Vätern, der Schweizerköbi *(Paryla)*, Eilif der Finne *(Langhoff)* und Kattrin, die stumme Tochter, von Erika *Pesch* in qualvoller Echtheit dargestellt. Wie der Prototyp der Urmutter umfängt die Mutter Courage alles, was in ihre Nähe kommt, mit mütterlicher Fürsorge – eine Figur von Format wie geschaffen für die weise Kunst einer Therese *Giehse*. In jedem Bild steht Mutter Courage-Giehse im Mittelpunkt des Geschehens, ob sie im Gefängnis sitzt und ihr »Lied von der großen Kapitulation« singt; ob sie sich wehrt für ihre Kinder, die der grausame Krieg ihr eins nach dem andern entreißt; ob sie sich in gutmütigem oder grimmigem Humor äußert über Geschehnisse, die *heutige* Geschehnisse sein könnten; ob sie sich mit Anträgen ihrer Lebensbegleiter auseinandersetzt, die vom Autor als richtige Schwächlinge gezeichnet werden – *immer* gibt Therese Giehse eine menschlich überaus starke, schauspielerisch große Leistung! Ihren männlichen Kameraden, dem schlau berechnenden Feldprediger (Sigfrit *Steiner*) und dem gutmütig schwachen Koch (Wolfgang *Heinz*), ist Mutter Courage eine Art Nährmutter – für die Zeichnung dieser starken Frauenfigur dürfen alle Frauen Bert Brecht dankbar sein! Am Schluß des Stückes zieht Mutter Courage, von jeder Hilfe entblößt, aber ungebrochen – wie Millionen von Müttern der Gegenwart! – neu hinaus in das harte Leben. Ein erschütterndes Schlußbild, wie die Altgewordene allein den Karren weiterziehen muß . . .
Sämtliche Schauspieler widmeten sich dem Stück mit großer Liebe und Hingabe; ihre Namen einzeln anzuführen, verbietet der Raum. Einen großen Erfolg am Gelingen hat die Musik von Paul *Burkhard*; hervorragende Kompositionen, meist im Marschrhythmus alter Soldaten- und Volkslieder, füllten die in einer Premiere immer etwas zu lang geratenen Umbaupausen aus, gaben den verschiedenen Songs ihre Prägnanz; ein bezaubernd schönes Flötensolo verdient besonders hervorgehoben zu wer-

den. Die Aufführung verdankt Leopold *Lindtberg* die einfallsreiche Gesamtregie. Teo *Otto* wußte das Lager- und Soldatenleben im Bühnenbild in immer neuen attraktiven Variationen abzuwandeln. Der Erfolg im ausverkauften Haus war außergewöhnlich groß; Klatschen und laute Bravorufe wollten sich nicht legen.

(*National-Zeitung*, Basel, 22. April 1941)

Die Berliner Erstaufführung (11.1.1949)

Paul Rilla
Gegen den deutschen Kriegsmythos. Bert Brechts »Mutter Courage« im Deutschen Theater

Das obszöne Memoirenwerk, das Herr Schacht [1933–1939 Reichsbankpräsident, 1935–1937 Reichswirtschaftsminister und Generalbevollmächtigter für die Kriegswirtschaft] die Stirn hatte, unter dem schamlosen Titel »Abrechnung mit Hitler« [1948] erscheinen zu lassen, klingt fromm und christlich aus. Herr Schacht fragt nach dem Sinn des Krieges, den das faschistische Deutschland angezettelt hat, und er ist um die Antwort nicht verlegen. Es ist die Antwort auf die Frage, »warum *gerade das deutsche Volk* in diese Katastrophe hineingeraten mußte«. Und es ist die Antwort an »alle, die geglaubt haben, auch unter dem nun einmal unvermeidlich gewordenen Hitlerregime ihre Pflicht an ihrem Volk nach bester Kraft und bestem Gewissen tun zu müssen«, und die, »als Deutschland im Kampfe stand, Opfer an Gut und Blut von unerhörtem Ausmaß gebracht haben«.

Hjalmar Schachts Memoiren (1948)

Die Frage, schreibt Herr Schacht, »ist nur zu beantworten unter der Bindung an Gott«. Und er fährt fort: »Schon einmal hat das deutsche Volk eine Katastrophe ähnlichen Ausmaßes durchgemacht, als der dreißigjährige Bruderkrieg in seinen Landen tobte. Damals ging es um die Glaubensfreiheit. In dem fürchterlichen Morden wurden Gut, Ehr', Kind und Weib genommen zum Verlust des eigenen Leibes hinzu, aber das Reich Gottes, der Glaube und die Freiheit des Christenmenschen blieben erhalten.

Am Ausgang des Mordens, der jetzt genau 300 Jahre hinter uns liegt, war Deutschland so zerstört, wie es heute zerstört ist. Aber das Heiligtum war gerettet. In steter frommer Arbeit erhoben sich die protestantischen Völker durch die Kraft ihrer Gewissensfreiheit zu neuem Leben. Sie übernahmen die geistige Führung nicht so sehr der Alten, wie besonders der Neuen Welt. Das war die Folge des deutschen Opfers. Wir wissen nicht, warum Gott *gerade das deutsche Volk* für dieses Opfer aussuchte, das der ganzen Welt zugute kam, aber wir wissen, daß das Opfer einen Sinn hatte.«

Herr Schacht weiß nicht, warum gerade das deutsche Volk, aber er weiß es doch. Weil es nämlich gerade das deutsche Volk war. Und so wollen wir, schreibt er, »darauf harren«, daß auch das neue »Opfer«, für welches durch die Gnadenwahl des Hitlerregimes, des »nun einmal unvermeidlich gewordenen«, gerade das deutsche Volk auserwählt wurde, »nicht nur an uns, sondern wie damals an allen Völkern seinen Segen erweisen möge«. Herr Schacht setzt solchen frommen Glauben in Sperrdruck, macht Punktum und hat seine Memoiren unter Dach und Fach, unter Kirchendach und Fibelfach.

Warum diese Zitierung eines mit allen Wassern gewaschenen, in allen Sätteln gerechten Gut- und Blutschwindlers? Daß Herr Schacht als quicker Überlebender des Unheils, zu dessen prominentesten Funktionären er gehört hat, keine Scheu trägt, zum Schaden den Spott zu fügen, indem er in der Maske des Tartüffs allen Mit-Kriegsverbrechern zu einem frommen Gewissen verhilft, überrascht ja nicht. Aber die historische Rechtfertigung, zu welcher er ausholt, bezeichnet genau den Punkt, von wo die Brechtsche Chronik aus dem dreißigjährigen Krieg ihre ungeheure Aktualität, und zwar ohne jede künstliche Aktualisierung, empfängt.

Brecht bekämpft nicht, wie vor drei Jahrzehnten die Menschheitsverbrüderer des Expressionismus, »den« Krieg. Worauf er zielt, ist der Mythos vom deutschen Krieg. Der dreißigjährige Krieg war ein schmutziger Interessenhandel der deutschen Fürsten, gerichtet gegen den Bestand Deutschlands, und ob katholisches oder evangelisches Lager war nur eine Frage der jeweiligen Konjunktur, mit der auch die außerdeutschen Mächte zu rech-

Mythos vom Krieg. Der Glaubenskrieg

nen wußten: wie denn der Schwedenkönig Gustav Adolf, der evangelische »Glaubensheld«, sowohl vom katholischen Frankreich wie von dem damaligen Papst Urban VIII. patronisiert wurde. Eben diese grauenhaft schäbige Nationalkatastrophe jedoch, die der Autorität von Kaiser und Reich endgültig den Garaus machte und Deutschland in seiner Entwicklung um zweihundert Jahre zurückwarf, lebt in der deutschen Kriegsmythologie als das strahlende Beispiel eines »Glaubenskrieges« fort. Gott hat eben, sagt Herr Schacht, gerade das deutsche Volk auserwählt. Ein dreißigjähriger Krieg, damit kann kein anderes Volk aufwarten. Und den Stolz, daß Deutschland zerstört, aber »das Heiligtum gerettet« war, den haben wir ganz für uns separat. Wenn sich daraufhin die protestantischen Völker »in steter frommer Arbeit erhoben«, so wußten sie hoffentlich, daß solches »die Folge des deutschen Opfers« war.

Brechts dramatische Chronik ist der dialektische Gegenzug. Sie zersetzt den Mythos vom Glaubenskrieg, indem sie ihn mit der schäbigen Wirklichkeit konfrontiert. Sie zersetzt an der historischen Wurzel jenen deutschen Kriegsmythos, auf den sich, wie Herr Schacht dankenswert klargemacht hat, noch die hoffnungsvoll trauernden Hinterbliebenen der letzten faschistisch-imperialistischen Katastrophe berufen.

Brecht ändert nicht die geschichtlichen Vorzeichen. Er zeigt das verlumpte und immer mehr verlumpende historische Kostüm, den verfaulenden und zuletzt an der eigenen Fäulnis sterbenden Organismus des dreißigjährigen Krieges. Aber was herausspringt, ist der Hohn auf ein kriegerisches Kulissenwesen, das auch noch heute, auch noch auf dem technischen Stand der imperialistischen Kriegsführung den nackten Interessenkampf mit dem längst schäbig gewordenen fromm-heroischen Plunder umstellt. Was herausspringt, ist sogar Herr Schacht selbst, der heute unter Berufung auf den dreißigjährigen Krieg sich der Auserwähltheit Deutschlands freut, der Auserwähltheit, zum Kriegsschauplatz zu taugen. Herr Schacht, der den Fibelwahn vom deutschen Wesen, an dem die Welt genesen soll, offenbar dahin erweitern möchte, daß die »in steter frommer Arbeit sich erhebenden« kapitalistischen Staaten von diesem Kriegsschauplatz noch einmal Gebrauch machen, damit auf der soliden Grundlage eines dann hoffentlich endgültig zerstörten Deutschlands abermals »das Heiligtum gerettet« werde. Wenn Herr Schacht »allen Völkern« den deutschen Segen spendet, haben alle Völker Ursache, auf der Hut zu sein.

Brechts Stück zeigt die »Völker« im Mahlstrom eines Krieges der Herrschafts- und Machtinteressen, an denen, ob Sieg oder Niederlage, der »gemeine Mann« keinen Teil hat, keinen Teil als das allgemeine Elend.

Gegen die Glaubenslegende der deutschen Geschichtsfibel hat, noch bevor sie geschrieben wurde, der Zeitgenosse Grimmelshausen mit der großartigen epischen Bestandsaufnahme einer Greuelzeit protestiert. Von ihm hat Brecht den Namen der Mutter Courage. Nicht mehr als den Namen, denn er verpflanzt die Figur ganz in das Erdreich seiner eigenen Sprach- und Vorstellungswelt. Eine wuchernde Volkstümlichkeit der Wortprägung wird vom schlagenden dialektischen Witz der Gespräche nicht entwurzelt, sondern nur noch tiefer in das Element eines ebenso bösen und tragisch dunklen wie freien und aggressiven Humors versenkt. Die Brechtsche Mutter Courage kommt weniger von

Die Komik

Grimmelshausen her als von dem bayrischen Volkskomiker Valentin oder dem tschechischen Volkshumoristen Hasek, dem Vater des braven Soldaten Schwejk. Es sind, wenn sie spricht, dieselben gedankliche Kurzschlüsse wie dort: dieselbe Nüchternheit des paradoxen Weiterdenkens in der Luftlinie, womit eine kostümierte Phrase ihres Kostüms entkleidet und kraft eines einzigen Wortes auf ihre erbärmlich schlotternde Wahrheit reduziert wird. Aber wie im Schicksal der Mutter Courage und ihrer Kinder die tragischen Stadien des verlumpten Krieges zu dem

Die dramatische Chronik

grauen Elend einer dramatischen Chronik grandios zusammengerafft werden, so hat erst das Brechtsche Stück den Ton und die Tonfälle, die der szenischen Entfaltung und dichterischen Gestaltung standhalten. Es ist der Brechtsche Ton: eine neue Einfachheit, eine neue Gedrungenheit und Größe – und doch nicht auf Kosten einer Wirklichkeit, die in all ihren verschlagenen Winkelzügen beim Wort genommen, aus all ihren Schlupfwinkeln der vertuschenden Rede hervorgelockt wird.

Diesen neuen Brecht, den ebenso volkstümlichen wie reichen Dichter, endlich auf der deutschen Bühne zu sehen: das ist das

Ereignis dieser Aufführung. Eine dramatische Chronik, nicht ein Drama: gewiß doch. Aber die dramaturgische Auseinandersetzung hat Zeit. Im Moment scheint es wichtiger, durch den Mund des frommen Lügenchronisten Schacht den Nachweis zu führen, daß der dramatische Chronist Brecht nicht nur den aktuellen Instinkt des genialen Stoff-Finders besessen, sondern auch in der Form nicht geirrt hat, die die Form der epischen Wirklichkeit, also dieses Stoffes ist: die Form, welche klipp und klar die Wahrheit ausdrückt. Das besondere Bühnenelement der Brechtschen Songs ist gleichfalls kein Umschweif: es sammelt die Bewegung, wie es die Nutzanwendung nicht entstofflicht, aber von dürrer Exempelhaftigkeit befreit. Gefährlich für die Nachahmer. Auf der Brecht-Szene ein Triumph der unbeengten, dennoch gebundenen Theaterenergie.

Der geniale Stoff-Finder und die epische Form

Ein großer Abend des Deutschen Theaters. Erich Engel, der beste Regisseur der früheren Brecht-Aufführungen, hat mit dem Dichter gemeinsam gearbeitet. Ein Stück aus dem großen Krieg. Aber kein Gerassel, kein pathetischer Donner. Grau das weit aufgerissene Bühnenrund, das Heinrich Kilger aus dem Nichts beklemmend ins Leere stellt oder mit einem Nichts an Dekoration, mit den Lumpen und Abfällen des verlumpenden Krieges ins Engere zusammenzieht. Grau zergehend das erbärmliche Spiel der erbarmungswürdigen Figuranten, aber unaufhaltsam sich steigerndes und ansteigendes Drama: durch eine Präzision der Sachlichkeit, welche die Erregung, das Dunkel, die Wüstheit, die Fäulnis und den darüber spielenden, den entlarvenden Witz und Humor gleichsam aus dem Negativ der Elendsbelichtung ausspart. Daß mit Brecht der Regisseur Engel zum erstenmal in Berlin zu einer wirklichen Theateraufgabe zurückgekehrt ist, bleibt das zweite Ereignis des Abends.

Die Ensembleleistung

Eine Aufführung, deren Ensemblewille so aufrichtig ist, daß man fast nicht von den einzelnen Darstellern sprechen möchte. Wenn eine Schauspielerin vom Range Gerda Müllers eine winzige Rolle übernommen hat, so ist an dem ganzen Ensemble zu spüren, was ein solches Beispiel heute bedeutet. Aber man muß doch von der Mutter Courage der Helene Weigel sprechen. Von dieser wundervoll gereiften Kunst, welche die Stille und die Größe, das Schwere und das Leichte, realistische Unauffälligkeit und

Helene Weigel

genaueste mimisch-sprachliche Akzentuierung in einer einzigen lösenden Bewegung verbindet. In demselben Maße, wie sich die Rolle tragisch verdunkelt, gewinnt sie die Höhe eines unerbittlich desillusionierenden Humors. Das Wesen wandelt sich nicht: die mimische Verwandlung ist das Drama. Und man muß von Angelika Hurwicz sprechen, die die stumme Tochter der Mutter Courage (das Unikum einer abendfüllenden stummen Rolle) mit einer solchen Gewalt des Gesichts, der schwer und dumpf arbeitenden Gebärdensprache spielt, daß man hier erst den ganzen Umfang dieser erstaunlichen Begabung erkennt. Humor, der Brechtsche Humor: Werner Hinz als Feldprediger, Paul Bildt als Koch haben in der fast maskenhaften Formulierung nicht nur seine Essenz, sie haben auch die Auflösung des komödiantischen Witzes, aber immer noch als sparsame Wesens-Chiffre, nie als chargierende Zutat. Zwei Meisterleistungen. Dahinter viele Namen: von Wolfgang Kühne bis Renate Keith, von Gerhard Bienert bis Ernst Kahler und Joachim Teege, von Franz Weber bis Paul Esser und Gert Schaefer, von Herwart Grosse bis Erich Dunskus. Darüber die Songs mit der Musik von Paul Dessau, die das böse, aufstachelnde Geräusch des Inhalts auf wenige Instrumentalstimmen bringt.

Ein Triumph der Dichtung. Ein Triumph der Aufführung in ihren wesentlichen Absichten. Bert Brecht mit seiner Gattin Helene Weigel, Erich Engel und das Ensemble müssen sich immer wieder dem Tumult des Beifalls stellen. Brechts Arbeit in Berlin und auf der führenden Berliner Bühne darf keine Episode bleiben.

(*Berliner Zeitung*, 13. Januar 1949)

Max Schröder

»Verflucht sei der Krieg!« – Deutsche Erstaufführung von Bertolt Brechts »Mutter Courage« im Deutschen Theater

In Brechts Chronik aus dem Dreißigjährigen Krieg, »Mutter Courage«, zieht das deutsche Schicksal eines halben Jahrtausends an uns vorüber. Des halben Jahrtausends, in dem unser Volk den Krieg hinnehmen lernte wie das tägliche Brot, und der

Frieden zu einer kürzeren oder längeren Pause zwischen den Mahlzeiten wurde, an denen man sich sättigte, sofern man nicht selber gefressen wurde. »Verflucht sei der Krieg!« [Vgl. 72,31–32] sagt Mutter Courage, als er eines ihrer Kinder nach dem anderen auffrißt, aber als Marketenderin lebt sie von ihm. Das falsche Friedensgeläut nach des Schwedenkönigs Gustav Adolf Tod droht ihr mit Bankrott. Doch der totgesagte Krieg lebt wieder auf, nimmt ihr noch alles, auch die stumme Tochter, und tobt noch viele Jahre, nachdem Mutter Courage nur noch sich selbst als Zugpferd vor dem ausgepowerten Planwagen zu spannen hat und allein durchs verwüstete Land zieht, das unserm so ähnlich sieht wie ein Wesen nur sich selbst.

Es ist, als ob die spätmittelalterliche Kunst wiederaufersteht, in der die Schrecken der »Glaubenskriege« ihre erste erschütternde Aufzeichnung gefunden haben. Es ist, als ob Grimmelshausen wiederauferstanden ist, in dessen »Abenteuern der berühmten Landstörzerin Courage« Brecht den Stoff zu seiner Chronik fand. Es ist, als ob zwischen damals und heute keine Zeit verstrichen sei, weil die Greuel von damals noch immer nach Sühne schreien. Wer wagt noch vom Helden zusprechen, fragt dies Meisterwerk des »epischen Theaters« angesichts der wie eine Seuche sich über den Kontinent erstreckenden Schlachtfelder, und doch hat es einen dramatischen Helden: Courages stumme Tochter Kattrin, die vor unseren Augen abgeknallt wird, weil sie auf dem Scheunendach die Trommel schlägt, um die verschlafene Stadt Halle vor dem Überfall der Katholischen zu warnen. »Verflucht sei der Krieg!« denkt sie und findet das Ende, das, als dies Stück geschrieben wurde, jedem in unserm Volk zugedacht war, der auch nur dachte wie sie. Kattrin ist die Seele unseres Volkes, die Hitler stumm machte, vergewaltigte und in Millionen Leibern mordete.

Der Glaubenskrieg

Die Kunst Brechts will nicht das Ausnahmeschicksal verherrlichen, sondern das allgemeine Schicksal begreifen und begreifen lehren. Brecht streift von seinen Figuren den Illusionismus der bürgerlichen Kunst ab, aber er reißt ihnen nicht – wie die dekadenten Nihilisten – die Haut mit vom Leibe. Prometheisch formt er Menschen aus Fleisch und Blut, Herz und Verstand. Mutter Courage und ihre Kinder haben nicht die freiplastische Monu-

Schicksal

mentalität von Renaissance-Denkmälern, denn das Bewußtsein der Emanzipation ist ihnen nicht vergönnt. Sie sind gefesselt an ihr Milieu wie die Holzbilder von Tilman Riemenschneider und Ernst Barlachs, die Leidtragenden des halben Jahrtausends. Es sind Passionsfiguren einer durch Illusion nicht erlösbaren Menschheit, die mit ihnen untergehen oder durch sie befreit werden wird. Keiner wird glorifiziert, aber es wird genau unterschieden, wer – wie der Fähnrich, der die Tochter mordet, und der einäugige Spitzel – sein Gesicht verloren, ausgespielt hat, Mensch zu sein, und wer – wie der Feldprediger, der Koch, die Hure – ihren Menschenwert auf die ihnen begreiflichste Weise zu verteidigen trachten.

Tragisch ist das Schicksal der Söhne. Der Kühne verfällt dem Profoß der eigenen Truppen, als er in den paar Tagen des falschgemeldeten Friedens das gleiche tut, wofür er im Krieg hoch belohnt wurde: die Bauern ausplündern. Der Brave fällt vom Profoß der Feinde, weil seine Mutter sich zu spät entschließt, in die hohe Bestechungssumme einzuwilligen, die ihn freikaufen, sie selbst aber und der Tochter die Existenz kosten würde. »Diesmal habe ich zu lange gehandelt« [Vgl. 52,13–14], bekennt sie, als die Exekution verhallt. Das ist ihre »tragische Schuld«, aber kein Stäubchen Schuld an ihr fällt in die Waagschale gegen den Globus an Schuld, den die Anzetteler des »Glaubenskrieges« an Stelle einer friedlichen Welt setzen. Mutter Courage ist eine humanistische Heilige aus dem Stamm der Niobe und der Schmerzensmutter, die das ihr geschenkte und von ihr geschaffene Leben mit Klauen und Zähnen verteidigt und zusehen muß, wie es in den Sand geworfen wird. Ihr Schicksal kann nicht mehr gesühnt werden. Es begibt sich bis heute rings um uns herum in grauenhafter Häufigkeit. Es muß beseitigt werden. Die umfassende Größe der Dichtung beruht darin, daß sie alle faulen Ausflüchte vor dieser Forderung, die heute wieder unter den kaum zu Atem kommenden Kriegspredigern wuchern, vorweg einfängt, durchleuchtet und beiseite wirft. Der Dichter setzt sich jedem Fatalismus und Mystizismus auf die Spur bis zu dem Punkt, wo das Diktat des Profits klar wird. Er hängt der Katze die Schelle um. Wer Ohren hat zu hören, der höre. [. . .]

Niobe

(*Neues Deutschland*, 13. Januar 1949)

Fritz Erpenbeck
Einige Bemerkungen zu Brechts »Mutter Courage«

Bertolt Brecht verlangt vom Kritiker grundsätzliche Stellungnahme, mehr als jeder andere Bühnenautor. Nicht nur, weil er ein großer Dichter ist, dessen Werk auf hohem ästhetischen und weltanschaulichem Niveau steht, sondern auch, weil er in seinem Werk bewußt ein von ihm aufgestelltes dramaturgisches Prinzip zu verwirklichen sucht.

Es kommt hier also nicht darauf an, das zu tun, was die Tagespresse bereits tat, nämlich zu bestätigen, daß die Aufführung von »Mutter Courage und ihre Kinder« im Deutschen Theater ein sensationeller Premierenerfolg war. Es kommt ebensowenig darauf an, hier eine Würdigung der – größtenteils prachtvollen – schauspielerischen Leistungen zu geben; man muß vielmehr die Zusammenhänge zwischen Darstellung und Stück allgemein untersuchen. Denn es geht in der Produktion Bertolt Brechts stets um eine Lebensfrage unserer Dramatik überhaupt.

Er nennt sein Stück selbst eine »Chronik«. Er unterteilt diese nicht in Akte, sondern in zwölf »Bilder«. Eingestreute Songs, meist ironisch moralisierenden Inhalts, weichen die alte Form des dramatischen Theaters noch weiter auf.

Epische Momente

»Dramatisches Theater?« Es galt in der Dramaturgie stets als eine Selbstverständlichkeit, daß Theater dramatisch zu sein habe; bis Brecht seine Gegenthese vom »epischen Theater« verkündete und in die Praxis vieler (nicht aller) seiner Werke umsetzte.

Er erzählt und belehrt von der Bühne herab. Und so, wie in andere Epik – beispielsweise in dem Roman – an Höhepunkten »dramatische« Dialoge eingestreut sind, so bedient sich ihrer auch Brechts »episches Theater«. Wie Brecht andererseits auch von dem Recht des Epikers, den Fluß des Geschehens jederzeit durch Reflexionen, Reminiszenzen und persönliche Kommentare zu unterbrechen, weitgehend Gebrauch macht.

Wichtig ist, daß es sich hier um eine ganz bewußte, grundsätzlich gegen das »dramatische« Theater gerichtete künstlerische Schaffensmethode handelt. Und zwar um die Schaffensmethode eines echten Dichters, der überdies bewiesen hat, daß er auch die an-

dere Methode meisterhaft beherrscht. (Etwa in »Die Gewehre der Frau Carrar« [GBA 4, 305–337], »Der Spitzel« und »Die Rechtsfindung« [bei den letzten beiden Beispielen handelt es sich um Szenen aus *Furcht und Elend des III. Reiches*; GBA 4, 391–400, 363–378].) Wir kämen also nicht weiter, wenn wir Brechts in »Bildern« erzählendes Theater auf eine Stufe stellen wollten mit jenem unsagbar langweiligen Dramen-Ersatz hauptsächlich amerikanischer Herkunft, den wir in den beiden letzten Jahren auf unseren Bühnen als dialogisierte Bilderbogen bis zum Überdruß erleben mußten. Denn dabei war nicht dramaturgische Absicht, sondern dramaturgisches Unvermögen die Ursache. Vom dichterischen Unvermögen ganz zu schweigen. Nur Bertolt Brechts hohe dichterische Kunst ist es, die uns die Gleichsetzung verbietet. Nicht aber – und gerade darauf kommt es an – die dramaturgische Methode selbst, einerlei, ob sie von Brecht bewußt und bis ins Letzte gekonnt, oder ob sie von den Verfassern der erwähnten Schmarren ahnungslos und undichterisch angewandt wird. Noch deutlicher würde das, wenn wir Arbeiten von deutschen Brecht-Epigonen zum Vergleich heranziehen würden.
Um es einmal grob zu sagen: Wenn der geniale Brecht einen falschen Weg geht, bleibt immer noch jeder Schritt als Ausdruck eines wirklichen Dichters höchst interessant; gehen ihn jedoch schwächere oder gar schwache Bühnenautoren, dann ist das stets recht langweilig, und die falsche Richtung des Wegs wird sogleich deutlich.
So hätten also diese Zeilen nur den Zweck, junge Dramatiker vor einer Nachfolge Brechts zu warnen? Dann wären sie verfehlt, denn junge Dramatiker, die etwas wollen, lassen sich, wie die Praxis lehrt, in den seltensten Fällen vor etwas warnen. Es geht um mehr. Es geht um die Frage, ob unser dichterisch stärkster deutscher Dramatiker, ob Bertolt Brecht es sich weiterhin selbst verwehren will, auch der dramatisch stärkste Dichter, das heißt, der volkstümlichste deutsche Dramatiker zu werden.
Gerade die berliner Aufführung der »Mutter Courage« müßte ihm dies zeigen, wenn er aufmerksam die Wirkung auf das Publikum beobachtet und analysiert.

Dramatische Momente

In diese »Chronik« ist nämlich ein ganz unepisches, sehr »dra-

matisches« Drama eingebaut: ein Drama mit Spieler und Gegenspieler, mit allem, was dazugehört. Allerdings ist da der Gegenspieler der Mutter Courage nicht (wie jetzt) der Krieg – also ein dramaturgisches Abstraktum –, sondern ein Mensch: die stumme Kattrin. Sie wird von ihrer Mutter wieder und wieder am menschlichen Ausleben verhindert: aus besorgter Liebe, aber auch, weil sie im Geschäft als Arbeitskraft unentbehrlich ist. Verstärkt wird dieser tragische – letztlich natürlich durch den Krieg bedingte und deshalb tiefe – Konflikt durch die Nebenhandlungen: den Tod der Brüder und das Verhältnis der Mutter zu dem Feldprediger und dem Koch. Alles das ist bei Brecht da. Es wird in der Szene mit der Lagerhure Yvette großartig exponiert. Es hat einen ersten Höhepunkt in der erschütternden Szene, in der Kattrin – die Sexualhungrige und Kinderliebe – den aus einem brennenden Bauernhaus geretteten Säugling auf den Knien wiegt und dabei glückselig lallt. Es steigert sich in dramatischer Wucht, wenn Kattrin in dem Augenblick, da sie den Frieden gekommen wähnt, durch die entstellende Wunde im Gesicht sich endgültig als Frau erledigt weiß. Sodann der dramatische Abklang: die Szene, da der Koch ihre Mutter verläßt, und schließlich ihr Opfertod bei dem Versuch, die Stadt Halle vor dem Überfall durch die Landsknechtshorden zu retten.
Einem Dichter, der auch das Dramaturgisch-Handwerkliche so meisterhaft beherrscht, wie Brecht, wäre es zweifellos nicht schwer, diese Komplexe seiner »Chronik« zu entnehmen, die Fäden zu einer dichten dramatischen Fabel zu verknüpfen. Das klingt jetzt vielleicht wie der anmaßlich-naive Vorschlag eines »Besserwissers« – soll es aber ganz und gar nicht sein. Es ist vielmehr nur ein Hinweis gerade auf jene Stellen des Werks, die bei der Premiere die durchschlagende Wirkung taten; bestimmt nicht nur infolge des herrlichen Spiels von Helene Weigel und Angelika Hurwicz! Sondern weil sie zugleich der Sieg des »dramatischen« Theaters über das »epische« waren. Daß dennoch die epischen Elemente einschließlich der Songs nicht ganz abfielen und zumindest interessierten, war nicht das Verdienst des Dramatikers, sondern des Dichters Brecht. Das Publikum wartete indessen – was Brecht sicherlich nicht verborgen blieb – immer auf das nächste dramatische Erlebnis, das dann ja auch immer kam . . .

Bei der Diskussion um Brechts Werk – nicht nur um dieses –, die nunmehr hoffentlich einsetzt, geht es letztlich um die Grundfrage, die stets an Zeitenwenden neu gestellt werden muß: Wo verliert sich, trotz fortschrittlichen Wollens und höchsten, formalen Könnens, der Weg in eine volksfremde Dekadenz – wo führt, bei fortschrittlichem Wollen und höchstem, formalem Können, der Weg zur Volkstümlichkeit, zur dringend notwendigen Gesundung unserer Dramatik?

Vorwurf der mangelnden Volkstümlichkeit

(*Die Weltbühne*, Berlin, 1949, S. 101–103)

Susanne Altermann
Wo beginnt die Dekadenz? Bemerkungen zur Polemik um Brechts »Mutter Courage«

Die scharfe Polemik, die Wolfgang *Harich* in der »Weltbühne« gegen eine Kritik Fritz *Erpenbecks* gerichtet hat (die vorher in der gleichen Zeitschrift publiziert worden war), führt weit über den Rahmen der Besprechung eines einzelnen Werkes hinaus, mag es sich dabei – wie im vorliegenden Fall – auch um eine so bedeutende Dichtung handeln wie *Bertolt Brechts »Mutter Courage«*. Die durch diese Polemik angeregte Diskussion ist für die gesamte demokratische deutsche Literatur der Gegenwart von größter prinzipieller Bedeutung. Deshalb halten wir es für notwendig, näher auf sie einzugehen, sie von dem ihr anhaftenden nicht zur Sache Gehörigen und Unwesentlichen zu reinigen und diejenigen Probleme herauszuarbeiten, die uns besonders wichtig zu sein scheinen und die unrichtig interpretiert worden sind. Fritz Erpenbeck hat in seinem Artikel einen auf den ersten Blick sehr paradoxen Gedanken in den Vordergrund gerückt: Er spricht von volksfremden und dekadenten Zügen in dem Schaffen Bertolt Brechts, eines der bedeutendsten fortschrittlichen Schriftsteller im heutigen Deutschland, und er bezieht dies im besonderen auf dessen Stück »Mutter Courage«. Erpenbeck hat seinen Gedanken oberflächlich und mit ungenügender Überzeugungskraft dargelegt; er klingt bei ihm wie die irrtümliche Mutmaßung eines rechthaberischen Kritikers und wie eine unverdiente Kränkung des großen Schriftstellers. So hat Harich die Sache aufgefaßt. Empört über die bloße Möglichkeit einer solchen Fragestellung, ist er in jugendlichem Ungestüm für Brecht in die Bresche gesprungen, hat mit unfehlbarer Sicherheit die schwachen Stellen in Erpenbecks Argumentation festgestellt und deren Unfolgerichtigkeit aufgedeckt. Auf diese Weise hat er den Anschein eines vollständigen Sieges in dem Streit hervorrufen können. Harich hat zwar Erpenbeck das Recht abgesprochen, sich für einen »marxistischen Dialektiker« zu halten, im Grunde genommen aber hat er seinen Gegner eher polemisch überschrien als sachlich geschlagen.

Episches Theater und Brechtscher Realismus

Die Zentralfrage der Diskussion ist das Problem des »epischen Theaters«, das Brecht als Grundlage seines Bühnenschaffens proklamiert. Obwohl Erpenbeck sich das epische Theater Brechts rein äußerlich vorstellt (chronikartige Form, Ersetzung der Akte durch einzelne Szenen, Einführung von Songs, Einmischung des Autors in die Darstellung), hat er seiner Charakteristik des Brechtschen Schaffens den kritischen Hinweis auf diese epischen Elemente zugrunde gelegt, und darin hat er zweifellos recht. Brechts episches Theater ist keine formale Angelegenheit, es ist der Ausdruck eines bestimmten philosophisch-ästhetischen Systems und verbirgt letzten Endes in einer etwas mystifizierten Form den Charakter des Brechtschen Realismus. Brechts »episches Theater« ist eine komplizierte und widerspruchsvolle Erscheinung; die Vorzüge wie die Mängel, die Stärke wie die Grenzen des Brechtschen Realismus hängen eng mit dieser Kompliziertheit zusammen. Wenn man dies nicht sieht, kann man leicht zu jenem Dualismus von Form und Inhalt kommen, zu dem Erpenbeck kommt, wenn er die Bedeutung des Brechtschen Schaffens nur durch seine »formale Meisterschaft«, durch eine mystische »geniale Begabung« erklärt, die die »Falschheit seines Weges« korrigieren soll. Tatsächlich ist der epische Stil, den Brecht in seinem Bühnenschaffen anstrebt, nichts anderes als ein Versuch, im 20. Jahrhundert bei den Positionen des klassischen Realismus stehenzubleiben, jenes objektivistisch-beschaulichen Realismus, der im Anfang des vorigen Jahrhunderts so großartige Repräsentanten in Goethe und Schiller hatte und der von Hegel philosophisch und ästhetisch begründet wurde. Paul Rilla sagt in seinem Artikel »Episch oder dramatisch?« (»Berliner Zeitung« Nr. 39) nicht ohne Grund:

»Für Brecht ist das, was über den individuellen Vorgang hinausgeht, nur als die objektive geschichtliche Welt der sozialen Spannungen darstellbar: der epische Stil ist der objektive Stil. Brecht materialisiert die Schillersche Aesthetik.«

Wenn es auch bei Brecht nicht immer so ist, so hat Rilla doch die Grundtendenz des Brechtschen Schaffens absolut richtig gekennzeichnet. Schon Hegel hat, als er behauptete, die geschichtliche Vernunft sei im Recht und man müsse sich dem objektiven Gang der Geschichte unterwerfen, die Möglichkeit des dramatischen Schaffens, die Möglichkeit des Dramas als einer Form, in der der Zweikampf der empörten Vernunft mit der Geschichte zum Ausdruck komme, geleugnet.

In »Mutter Courage« fehlt jener dramatische Konflikt, der die bei dem langen und für das Volk so qualvollen Kriege unvermeidlich anwachsende spontane Empörung der Massen sichtbar machen müßte, eine Empörung, die noch weit davon entfernt ist, zu einer politischen Massenbewegung zu werden (das wäre historisch falsch), die sich aber in einzelnen Rebellionen und Konflikten äußert, aus denen die Notwendigkeit einer revolutionären Umgestaltung der Gesellschaft hervorgeht. Es fehlt in dem Stück die Idee der revolutionären kritischen Umgestaltung der Welt. Man darf mich nicht falsch verstehen: Niemand verlangt von Brecht ein abstrakt-revolutionäres Pathos oder eine absichtlich von außen herangetragene »Tendenz«. Es handelt sich darum, daß die wahrhaft demokratische Kunst unserer Zeit unbedingt eine Kunst des *revolutionären* Realismus sein muß, eine Kunst der umfassenden und erschöpfenden Darstellung *revolutionärer* Massenaktionen mit allen dem *jetzigen* Zeitpunkt wesenseigenen Interessen, Ideen und Konflikten.

Revolutionärer Realismus

Das paradoxe der Brechtschen Dramatik, wo dieser seiner Konzeption des Epischen treu bleibt, besteht darin, daß Brecht einerseits in der deutschen Literatur die realistischen Traditionen und die Züge wahrer Volksverbundenheit, die ihr in den Jahren der bürgerlichen Herrschaft verlorengegangen waren, wieder befestigt hat, während sich in seinem Schaffen, weil es sich nicht bis zum revolutionären Realismus erhob, zugleich dekadente Züge offenbaren mußten und auch tatsächlich offenbaren. Und hier müssen wir uns gegen Harich wenden. Er hat absolut recht in allen seinen Bestimmungen des Formalismus, nur in einem Punkt hat er nicht recht: die Dekadenz offenbart sich nicht nur unter den subjektiven Verteidigern des Kapitalismus und nicht nur in einer aufgeblähten Abstraktion der Form. *Die Dekadenz beginnt dort, wo in dem Schaffen eines Künstlers die empörte menschliche Vernunft schweigt und die Ohnmacht des Menschen vor dem geschichtlichen Schicksal bestätigt wird.* Es ist kein Zufall, daß die Dekadenz der bürgerlichen Kultur damit begann, daß sie auf die kritische Wiedergabe der Wirklichkeit verzichtete und zur Apologie der Wirklichkeit überging.

In »Mutter Courage« werden die Widersprüche in der Brechtschen Position deutlich sichtbar. Einerseits reißt Brecht der in der deutschen Literatur traditionellen Paradedarstellung des Krieges die Maske vom Gesicht: Der Krieg steht als ein furchtbares Unglück für das Volk da, er lastet ganz und gar auf den Schultern der kleinen Leute und verdammt sie zu Entbehrungen, Opfern und Verlusten. Mit großer Kraft und Wahrheitstreue hat Brecht die Zusammenhänge zwischen dem geschichtlichen Geschehen und dem Leben des Volkes aufgezeigt, aber das Volk wirkt bei ihm in der Geschichte andererseits nur spontan und unbewußt, und alle Aktivität des einzelnen gilt ihm als sinnlos und nicht zu rechtfertigen. Brecht, der die Tragik der Geschichte des Volkes so eindrucksvoll wiedergegeben hat, schließt ... mit dem Lied von der großen Kapitulation:

Und jetzt das Ganze schwenkt?
Der Mensch denkt: Gott lenkt –
Keine Red' davon!

[Vgl. 57,24–26 usw.]

Und wenn Mutter Courage auch kein Wort spricht, wenn sie im letzten Akt, vom Kummer und den vielen Opfern gebeugt, in stummer Einsamkeit ihren Wagen zieht, so sieht doch jeder, daß sich vor seinen Augen das Drama der großen Kapitulation des Volkes abspielt, welches sich kampflos dem angeblich unerbittlichen historischen Schicksal unterworfen hat. Der klassische Realismus, der zu seiner Zeit eine fortschrittliche Erscheinung war und Werte geschaffen hat, die von unvergänglicher Bedeutung sind, erweist sie für unsere Zeit, die Zeit der absterbenden bürgerlichen Weltordnung und der sich immer breiter entfalten-

den revolutionären Aktionen der Volksmassen als unzulänglich und schränkt die schöpferischen Möglichkeiten des Künstlers ein. Brecht ist ein Künstler, der am Schicksal des Volkes leidenschaftlich Anteil nimmt, und daher fühlt er dies offenbar. Durch seine Songs und die Kommentare des Verfassers im Rahmen seiner Inszenierung möchte er die Lücke in seinem Stück ausfüllen, die dadurch entstanden ist, daß es an einem echten dramatischen Konflikt fehlt, der den Sinn des ganzen dargestellten historischen Dramas offenbaren würde. Schon 1847 schrieb Karl Marx: »Das wahre Thema der Tragödie ist die Revolution.«
Die Bedeutung der Diskussion über Brechts Drama liegt darin, daß sie den deutschen Schriftstellern und Künstlern, Schauspielern und Dramatikern noch einmal eindringlich und überzeugend gezeigt hat, wie wichtig das Problem des sozialistischen Realismus für die heutige deutsche Literatur bei ihren Bemühungen um die Ausmerzung der »Muttermale des Kapitalismus« ist. Diese Muttermale sind noch immer so wirksam, daß das Schaffen vieler großer und ehrlicher Künstler, deren Weltanschauung durchaus fortschrittlich ist, noch nicht frei von ihnen ist. Der Kampf gegen die Züge von Dekadenz und Formalismus im Schaffen dieser Künstler braucht Zeit, kritische Selbstkontrolle und eine wahrhaft kameradschaftliche, schöpferische Diskussion. Eine Kritik, die aus Geschrei und maßlosen Lobeshymnen besteht – wie es in Harichs Artikel leider der Fall ist –, ist hier kein wirksames Mittel.

Sozialistischer Realismus

(*Tägliche Rundschau*, Berlin, 12. März 1949)

Selbstaussagen Brechts

Zum Stück

Anmerkung (1949)

Die Uraufführung von »*Mutter Courage und ihre Kinder*« in Zürich während des Hitlerkrieges, mit der außerordentlichen Therese Giehse in der Titelrolle, ermöglichte es, trotz der antifaschistischen und pazifistischen Einstellung des hauptsächlich von deutschen Emigranten besetzten Züricher Schauspielhauses, der bürgerlichen Presse, von einer Niobetragödie und von der erschütternden Lebenskraft des Muttertiers zu sprechen. Vgl. S. 144
Hierdurch gewarnt, machte der Stückeschreiber für die Berliner Aufführung einige Änderungen. [. . .]

In den Bauernkriegen, dem größten Unglück der deutschen Geschichte, war, was das Soziale betrifft, der Reformation der Reißzahn gezogen worden. Übrig blieben die Geschäfte und der Zynismus. Die Courage – dies sei gesagt, der theatralischen Darstellung zu helfen – erkennt zusammen mit ihren Freunden und Gästen und nahezu jedermann das rein merkantile Wesen des Kriegs: das ist gerade, was sie anzieht. Sie glaubt an den Krieg bis zuletzt. Es geht ihr nicht einmal auf, daß man eine große Schere haben muß, um am Krieg seinen Schnitt zu machen. Der Zuschauer bei Katastrophen erwartet ja zu Unrecht, daß die Betroffenen daraus lernen werden. Solang die Masse das *Objekt* der Politik ist, kann sie, was mit ihr geschieht, nicht als einen Versuch, sondern nur als ein Schicksal ansehen; sie lernt sowenig Lerneffekt
aus der Katastrophe, wie das Versuchskarnickel über Biologie lernt. Dem Stückeschreiber obliegt es nicht, die Courage am Ende sehend zu machen – sie sieht einiges, gegen die Mitte des Stückes zu, am Ende der 6. Szene, und verliert dann die Sicht wieder –, ihm kommt es darauf an, daß der Zuschauer sieht.

(GBA 24, 260–264)

Aus: Couragemodell 1949

Modelle

Wenn in unsern Ruinenstädten nach dem großen Krieg das Leben weitergeht, so ist es ein anderes Leben, das Leben anderer oder wenigsten anders zusammengesetzter Gruppen und gehemmt und geleitet von der neuen Umgebung, an der neu die Zerstörtheit ist. Wo die großen Schutthaufen liegen, liegen auch die wertvollen Unterbauten, die Kanalisation und das Gas- und Elektrizitätsnetz. Selbst das unversehrte große Gebäude ist durch das Halbzerstörte und das Geröll, zwischen denen es steht, in Mitleidenschaft gezogen und unter Umständen ein Hindernis der Planung. Provisorisches muß gebaut werden, und die Gefahr besteht, es bleibt. Die Kunst spiegelt all dies wider; Denkweisen sind Teil der Lebensweisen. Was das Theater betrifft, werfen wir in den Bruch hinein die Modelle. Sie werden sogleich heftig bekämpft von den Verfechtern des Alten, der Routine, die als Erfahrung, und der Konvention, die als freies Schöpfertum auftritt. Und sie werden gefährdet von den Übernehmern, die nicht gelernt haben, sie zu handhaben. Gedacht als Erleichterungen, sind sie nicht leicht zu handhaben. Sie sind auch nicht gemacht, das Denken zu ersparen, sondern es anzuregen; nicht gemacht, das künstlerische Schaffen zu ersetzen, sondern es zu erzwingen.

Zunächst muß man sich ja auch nur vorstellen, die im Buch gegebenen Aufschlüsse über bestimmte Ereignisse, hier die Abenteuer und Verluste der Mutter Courage, seien noch etwas vervollständigt worden; man habe auch noch in Erfahrung gebracht, daß die Frau neben ihrer stummen Tochter gesessen sei, als man ihren toten Sohn vor sie brachte usw. – Aufschlüsse, die etwa ein Maler durch Befragung von Augenzeugen für seine Komposition eines historischen Vorgangs bekommen kann. Danach kann er dies oder das noch verändern, wie es ihm aus diesem oder jenem Grund rätlich erscheinen mag. Bevor ein sehr hoher Stand lebendigen und geistreichen Kopierens – und Herstellens – von Modellen erreicht ist, sollte man nicht zu vieles kopieren. Die Maske des Kochs, die Kleidung der Courage und derlei muß man nicht nachahmen. Man muß das Modell nicht zu sehr pressen.

Die Bilder und die Beschreibungen einer Aufführung ergeben noch nicht genug. Wenn man liest, daß eine Figur nach einem Satz da- oder dorthin geht, weiß man nicht eben viel, selbst wenn der Tonfall des Satzes, die Art des Ganges und eine gute Begründung gegeben werden kann – was sehr schwer ist. Die zur Nachahmung bereiten Menschen sind andere als die des Musters; es wäre mit ihnen nicht entstanden. Alle, die den Titel Künstler verdienen, sind Einmalige, stellen das Allgemeine in einer besonderen Weise dar. Sie können weder völlig nachgeahmt werden noch völlig nachahmen. Auch ist es nicht so wichtig, daß Künstler Kunst nachahmen, als daß sie Leben nachahmen. Modelle zu benutzen ist so eine eigene Kunst; soundso viel davon ist zu erlernen. Weder die Absicht, die Vorlage genau zu treffen, noch die Absicht, sie schnell zu verlassen, ist das richtige.

Beschreibung der Inszenierung und Nachahmung

Bei dem Studium des Folgenden, einer Anzahl von Erörterungen und Erfindungen beim Proben eines Stücks, sollte man angesichts gewisser Lösungen von Problemen hauptsächlich der Probleme ansichtig werden.

(GBA 25, 171f.)

Musik

Die Musik Paul Dessaus zur »Courage« ist nicht hauptsächlich eingängig; wie beim Bühnenbau war auch bei ihr dem Publikum etwas zu tun übriggelassen: das Ohr hatte die Stimmen und die Weise zu vereinigen. Die Kunst ist kein Schlaraffenland. Um zum Musikalischen umzuschalten, der Musik das Wort zu erteilen, ließen wir jedesmal, wenn ein Lied kam, das nicht unmittelbar aus der Handlung herauskam oder, aus ihr herausgekommen, deutlich außen blieb, vom Schnürboden ein Musikemblem herunter, bestehend aus Trompete, Trommel, Fahnentuch und Lampenbällen, welche aufleuchteten. Ein zartes und leichtes Ding, schön anzuschauen, auch wenn es in der 9. Szene zerschlissen und zerstört war. Es erschien einigen als bloße Spielerei und als ein unrealistisches Element. Aber einerseits sollte man gegen das Spielerische, solange es nicht alles überwuchert, nicht allzu streng auf dem Theater verfahren, andrerseits war es insofern nicht einfach unrealistisch, als es die Musik aus der realen Handlung heraushob; es diente uns dazu, den Wechsel zu einer andern ästhetischen Ebene, der musikalischen, sichtbar zu machen, so daß nicht der falsche Eindruck entstand, die Lieder »wüchsen aus der Handlung heraus«, sondern der richtige Eindruck, sie seien Einlagen. Die dagegen sind, sind einfach gegen das Sprunghafte, »Unorganische«, Montierte, hauptsächlich weil sie gegen die Zerreißung der Illusion sind. Sie müßten nicht gegen das Musikzeichen protestieren, sondern gegen die Art, wie die Musikstücke in das Stück eingebaut sind, eben als Einlagen.

Die Songs als Einlagen

Die Musiker waren sichtbar in einer Loge neben der Bühne untergebracht – welche Position ihre Darbietungen zu kleinen Konzerten machte, selbständigen Beiträgen an passenden Stellen des Stücks. Die Loge hatte Verbindung mit der Hinterbühne, so daß gelegentlich, für Signale oder wenn in der Handlung selbst Musik vorkam, einige Musiker nach hinten gehen konnten.
Wir begannen mit der Ouvertüre, welche, etwas dürftig, da nur von vier Musikern gemacht, aber nicht unfeierlich auf die Wirren der Kriegszeit vorbereitete.

(GBA 25, 173f.)

Bühnenbau

Wir benutzten für die hier beschriebene Berliner Aufführung am Deutschen Theater das berühmte Modell, das Teo Otto in den Kriegsjahren für das Züricher Schauspielhaus entworfen hatte. Das Modell verwendete für einen stehenden Rahmen, bestehend aus großen Schirmen, die Materialien der Kriegslager des siebzehnten Jahrhunderts: Zeltleinwand, mit Stricken zusammengehaltene Holzbalken usw. Baulichkeit wie Pfarrhof und Bauernhaus wurden plastisch hereingestellt, realistisch nach Bauart und Baumaterial, aber in künstlerischer Andeutung, stets nur so viel davon, wie dem Spiel dienlich war. Auf dem Rundhorizont standen farbige Projektionen, und für die Fahrten wurde die Drehscheibe benutzt. – Wir veränderten Größe und Stellung der Schirme und benutzten sie nur in den Lagerszenen, so daß diese von den Landstraßenszenen getrennt waren. Die Baulichkeiten (2, 4, 5, 9, 10, 11) gestaltete der Berliner Bühnenbauer frei, das Prinzip beibehaltend. Auf Hintergrundprojektionen, wie in Zürich, verzichteten wir und hängten die Ländernamen in großen schwarzen Buchstaben über die Szenen. Wir verwendeten gleichmäßiges, ungefärbtes Licht und so viel davon, wie die Apparate hergaben. Dadurch beseitigten wir den Rest von »Atmosphäre«, welche die Vorgänge leicht romantisch macht. Beinahe alles übrige behielten wir, oft bis ins kleinste (Hackblock, Feuerstelle usw.), und besonders die vorzüglichen Stellungen des Planwagens, und das letztere bedeutet viel, denn damit war schon viel von der Gruppierung und dem Ablauf der Vorgänge von vornherein festgelegt.

Vermeidung von Romantik

Man verliert erstaunlich wenig mit dem Verzicht auf die völlige Freiheit der »schöpferischen Gestaltung«. Irgendwo, mit irgend etwas muß man doch auf jeden Fall anfangen; warum sollte es nicht etwas schon einmal Durchdachtes sein? Seine Freiheit gewinnt man dann schon durch den Widerspruch, der sich allenthalben in einem meldet und regt.

(GBA 25, 174)

Was eine Aufführung von »Mutter Courage und ihre Kinder« hauptsächlich zeigen soll

Geschäfte und Krieg

Daß die großen Geschäfte in den Kriegen nicht von den kleinen Leuten gemacht werden. Daß der Krieg, der eine Fortführung der Geschäfte mit andern Mitteln ist, die menschlichen Tugenden tödlich macht, auch für ihre Besitzer. Daß für die Bekämpfung des Krieges kein Opfer zu groß ist.

(GBA 25, 177)

Die Courage lernt nichts (1953)

Das Stück »Mutter Courage und ihre Kinder« schrieb ich im dänischen Exil, vor einundeinhalb Jahrzehnten. Über das grüne und freundliche Fünen fiel schon ein großer Schatten. Vom Sund her gab es Geschützdonner zu hören. Im Radio kündeten Geräusche, die menschlichen Stimmen entfernt ähnelten, daß die

Vorbereitungen zu einem großen Raubzug in Deutschland vor dem Abschluß standen. Zwischen Koffern schrieb ich noch ein Stück.

Die Entstehung des Stücks im Exil

Im Exil schreibt man in besonderer Weise. Man ruft sozusagen in den Wind. Aber man ruft doch in eine bestimmte Richtung. Zu niemandem gehörend, spricht man noch nicht zu allen. Von denen, die nicht herhören, spricht man zu ganz bestimmten. Und im Grunde, uneingestanden, spricht man weiter zu denen zu Hause, die gar nicht mehr hören können. Das Handwerk des Exilierten ist das Hoffen.

Ich schrieb mein Stück, soweit mir bekannt war, für Skandinavien und deshalb schreibe ich jetzt diesen kleinen Traktat für Skandinavien.

Es mag heute schwierig sein, sich daran zu erinnern, daß es damals in Skandinavien Leute gab, die nicht abgeneigt waren, sich an den Unternehmungen jenseits der Grenze ein wenig zu beteiligen. Sie werden kaum davon reden. Nicht so sehr, weil es sich um einen Raubzug handelte, sondern weil dieser Raubzug mißglückte. Es gibt sogar in Deutschland eine Menge Räuber, die den damaligen Raubzug heute ablehnen.

Im Gegensatz zu den meisten andern europäischen Ländern spielte das Theater in Skandinavien eine Rolle. Ich stellte mir, schreibend, vor, daß von den Bühnen einiger großen Städte herab, die Warnung des Stückschreibers zu hören sein würde, die Warnung, daß der einen langen Löffel haben muß, der mit dem Teufel frühstücken will. Ich mag darin naiv gewesen sein, aber ich halte es nicht für eine Schande, naiv zu sein.

Die Schriftsteller und die Kriege

Es kam nicht zu solchen Aufführungen. Die Schriftsteller können nicht so schnell schreiben, als die Regierungen Kriege machen können; denn das Schreiben verlangt Denkarbeit. Die Bühnen waren viel zu früh in den Händen des großen Räubers.

»Mutter Courage und ihre Kinder« kam also zu spät.

Als der Wagen der Courage 1949 auf die deutsche Bühne rollte, erklärte das Stück die immensen Verwüstungen, die der Hitlerkrieg angerichtet hatte. Die zerlumpten Kleider auf der Bühne glichen den zerlumpten Kleidern im Zuschauerraum.

Der säuerliche Geruch schlecht gesäuberter Kleider im Zuschauerraum tat der Feierlichkeit der Stimmung keinen Abbruch. Wer

gekommen war, war aus Ruinen gekommen und ging zurück in Ruinen. So viel Licht wie auf der Bühne gab es auf keinem Platz und in keinem Haus.
Der alte, weise Bühnenmeister aus der Reinhardtzeit hatte mich wie einen König empfangen, aber es war eine bittere Erfahrung, allen hier gemeinsam, die der Aufführung zu harter Realistik verhalf. Die Schneiderinnen der Werkstätten verstanden, daß die Kostüme zu Beginn des Spiels reicher sein mußten als am Ende. Die Bühnenarbeiter wußten, wie die Plache über dem Couragewagen sein mußte: Weiß und neu zu Beginn, dann schmutzig und geflickt, dann wieder etwas sauberer, aber nie mehr wirklich weiß und am Ende ein Lumpen.
Die Weigel spielte die Courage hart und zornig; d. h. nicht ihre Courage war zornig, sondern sie, die Darstellerin. Sie zeigte eine Händlerin, kräftig und verschlagen, die eins ums andere ihrer Kinder an den Krieg verliert und doch immer weiter an den Gewinn aus dem Krieg glaubt.
Davon, daß die Courage nichts lernt aus ihrem Elend, daß sie nicht wenigstens am Schluß begreift, war viel die Rede. Wenige begriffen, daß gerade dies die bitterste und verhängnisvollste Lehre des Stücks war.
Der Erfolg des Stücks, d. h. der Eindruck, den das Stück machte, war zweifellos groß. Leute zeigten auf der Straße auf die Weigel und sagten: Die Courage! Aber ich glaube nicht und glaubte damals nicht, daß Berlin – und alle andern Städte, die das Stück sahen – das Stück begriffen. Sie waren alle überzeugt, sie hätten gelernt aus dem Krieg; sie verstanden nicht, daß die Courage aus ihrem Krieg nichts gelernt haben sollte, nach der Meinung des Stückschreibers. Sie sahen nicht, was der Stückschreiber meinte: daß die Menschen aus dem Krieg nichts lernen. Lerneffekte
Das Unglück allein ist ein schlechter Lehrer. Seine Schüler lernen Hunger und Durst, aber nicht eben häufig Wahrheitshunger und Wissensdurst. Die Leichen machen den Kranken nicht zum Heilkundigen. Weder der Blick aus der Ferne noch der aus der Nähe machen den Augenzeugen schon zum Experten.
Die Zuschauer des Jahres 49 und der folgenden Jahre sahen nicht die Verbrechen der Courage, ihr Mitmachen, ihr am Kriegsgeschäft Mitverdienenwollen; sie sahen nur ihren Miß-

erfolg, ihre Leiden. Und so sahen sie den Hitlerkrieg an, an dem sie mitgemacht hatten: er war ein schlechter Krieg gewesen, und jetzt litten sie. Kurz, es war so, wie der Stückschreiber ihnen prophezeit hatte. Der Krieg würde ihnen nicht nur Leiden bringen, sondern auch die Unfähigkeit, daraus zu lernen.

»Mutter Courage und ihre Kinder« läuft jetzt im sechsten Jahr. Es ist bestimmt eine glänzende Aufführung, große Künstler spielen darin. Etwas hat sich geändert, kein Zweifel. Das Stück ist heute kein Stück mehr, das zu spät gekommen ist, nämlich *nach* einem Krieg. Schrecklicherweise droht ein neuer Krieg. Niemand spricht davon, jeder weiß davon. Die große Menge ist nicht für Krieg. Aber es gibt so viele Mühsale. Könnten sie nicht durch einen neuen Krieg beseitigt werden? Hat man nicht doch ganz gut verdient im letzten, jedenfalls bis knapp vor dem Ende? Gibt es nicht doch auch glückliche Kriege?

Der Stückschreiber fragt sich, wie viele der Zuschauer von »Mutter Courage und ihre Kinder« die Warnung des Stücks *heut* verstehen.

(GBA 24, 271–274)

Für das Programmheft der Kopenhagener Aufführung (1953)

Als »Mutter Courage und ihre Kinder« drei Jahre nach dem Zusammenbruch Hitlerdeutschlands in dem zerstörten Berlin über die Bühne ging, gaben viele ihrem Staunen Ausdruck, wie genau die entsetzliche Vernichtung der Menschen und Städte in diesem Stück vorausgesagt worden war. In Wahrheit bedurfte es nicht besonderer Phantasie, dies zu tun, sondern besonderer Stumpfheit, dies nicht zu tun. Gerade dieses Staunen sagte dem Stückschreiber, *wie* weit die Menschen in dieser Stadt davon entfernt gewesen waren, die Folgen ihres Tuns oder Nichttuns vorauszusehen.

Die Aktualität des Stücks

Schrecklicherweise ist die Warnung des Stücks heute nicht überholt, denn nur der spezielle Krieg, vor dem es einst warnte, ist vorbei, aber neue scheinen heraufzuziehen.

Das Stück wurde vor Ausbruch des zweiten Weltkriegs unter dem fünischen Strohdach geschrieben. Es würde mich freuen, wenn es als kleine Gegengabe des so freundlich aufgenommenen Gastes von damals betrachtet würde.

(GBA 24, 274)

Für die Aufführung in Göttingen 1956

Es wird jetzt, wo das deutsche Wirtschaftswunder und die Politik der Stärke in so drohender Weise Arm in Arm auftreten, besonders wichtig, die Courage als Händlerin zu spielen, die im Krieg ihren Schnitt machen möchte. Ihr Händlertum hält sie für Muttertum, aber es zerstört ihre Kinder, eines nach dem anderen.

Händlerin oder Mutter

(GBA 24, 274)

Zur geplanten Verfilmung des Stoffes

Nachdem Brecht erstmals im September 1947 – noch in den USA und in der Nähe von Hollywood lebend – die Idee hat, den Stoff zu verfilmen, greift er sie im Herbst 1949 – nach der erfolgreichen Theaterinszenierung wieder auf. Die Verhandlungen mit der DEFA und mehreren Drehbuchautoren ziehen sich über mehrere Monate hin. Im Oktober 1950 hält er seine Vorstellungen im folgenden Text fest. (Erst zwischen Dezember 1954 und Juni 1955 wird das endgültige Drehbuch fertig gestellt; einen Monat nach ihrem Beginn werden auf Brechts Einspruch hin die Dreharbeiten abgebrochen; vgl. GBA 20, 215–384, *580–608*.)

Wie muß die »Mutter Courage« verfilmt werden? (1950)

Das Stück *Mutter Courage und ihre Kinder* zeigt einen Krieg (den Dreißigjährigen Krieg), der offiziell als großer Glaubenskrieg aufgezogen ist, in Wirklichkeit aber für materielle Gewinne, Vorrechte und Machtzuwachs geführt wird. Im Stück wird dies immerfort ausgesprochen, im Film kann es *gezeigt* werden. Schon das Stück zeigt die Courage keineswegs als Repräsentantin der kleinen Leute, die »unschuldig und hilflos in den Krieg verstrickt sind«, sondern als Geschäftsfrau, die im Krieg mitmacht, um ihren Schnitt zu machen. (Sie wird kaum je ohne ihr Geschäft, den Wagen, gesehen!) Diesem Geschäft opfert sie ihre drei Kinder. Den einen Sohn verliert sie, weil sie, vertieft in den Verkauf einer Gürtelschnalle, nicht bemerkt, daß ein Werber ihn wegzieht, den andern, weil sie sich nicht entschließen kann, ihren Wagen zu verkaufen, wenn sie dadurch den Sohn retten könnte. Die Tochter verliert sie, weil sie sie allein läßt, um die Not einer gefährdeten Stadt geschäftlich auszunutzen. So zeigt das Stück, daß die großen Geschäfte in den Kriegen nicht von den kleinen Leuten gemacht werden. Der Film müßte das noch deutlicher machen. Es ist geplant, zu zeigen, wie die Courage sich in den Krieg geradezu drängt; sie fährt einen weiten Weg her, in den Krieg zu kommen, und einmal zieht sie sich sogar aus ihm beinahe zurück und will eine Schankwirtschaft kaufen, jedoch gibt sie diese Absicht auf, als ein ganz besonderes Geschäft lockt. Der Schluß des Stücks, der im Film verstärkt werden soll, zeigt, wie eines ihrer Kinder, die stumme Kattrin, gegen den Krieg rebellisch wird und die bedrohte Stadt Halle rettet. Im Film wird man sehen, wie ihr Beispiel die verelendeten Bauern dazu bringt, die plündernde Soldateska niederzukämpfen. Die Bauern begraben sie feierlich, jedoch die Händlerin Courage, die gebrochen hinter der Leiche geht, hat immer noch nichts gelernt, und die Bauern sehen sie kopfschüttelnd mit ihrem leeren Wagen weiterziehen, hinter dem Heer her, immer noch hoffend auf Gewinne.

Bestrafung der Unbelehrbaren

Klarer noch als das Stück muß der Film zeigen, daß die Wirklichkeit die Unbelehrbaren bestraft.

(GBA 20, 587f.)

Aus dem »Dreigroschenroman« (1934)

Nachdem Brecht ein Dreivierteljahr in Schweden lebt, schätzt er die Situation in seinem zweiten Exilland düster ein. An seinen dänischen Übersetzer Knud Rasmussen gerichtet, der sich Fredrik Martner oder Crassus nennt, beschreibt er sie Anfang Januar 1940 mit dem Hinweis: Es gehe in Lidingö bei Stockholm »ganz zu wie im ›Dreigroschenroman‹, wobei ich an das Kapitel ›Liebesgaben‹ denke«, das er 1934 in Dänemark geschrieben hat. Chancen, dass es zu einer Inszenierung von *Mutter Courage und ihre Kinder* in Schweden kommt, sieht er deshalb kaum.

Liebesgaben

Stimmungsbild 1934

Macheath hatte noch große Lagerbestände von Leinwand und Wolle. Kurz vor dem Beschluß der ZEG [Zentralen Einkaufsgenossenschaft], den Warenstrom in die Läden abzustoppen, hatte er aus einem Einbruch in eine Textilfabrik in Wales bedeutende Posten Leinwand hereinbekommen. Er wußte nicht, wohin damit.

In den Zeitungen stand wieder viel über den Krieg in Südafrika. Nicht nur in London fanden erbitterte Kämpfe statt, sondern auch in Südafrika, und nicht nur durch die Interessenstreitigkeiten in London wurden die unbemittelten Schichten besonders in Mitleidenschaft gezogen – man denke an die Tom Smiths und Mary Swayers der B.-Läden [Billigkeitsläden], die in diesen Tagen verzweifelt nach Waren ausspähten –, sondern auch durch die Interessenstreitigkeiten in Südafrika.

Hier mußte geholfen werden.

Es bildeten sich Hilfskomitees. Die Damen der besseren Gesellschaft sprangen in die Bresche. Alt und jung wetteiferte. In vornehmen Häusern und in Schulen wurden für die Verwundeten von schönen Händen Leinwandfetzen zu Charpie [Verbandsstoff] zerzupft. Auch wurden Hemden für die tapferen Krieger genäht und Strümpfe gestrickt. Das Wort Opfer gewann einen neuen Klang.

Macheath schickte Polly in einige der Komitees. Er erzielte gute Abschlüsse für seine Leinwand, auch für Wolle.

Polly verbrachte die Nachmittage in improvisierten Nähstuben, wo die Damen bei einer Tasse Tee Männerhemden nähten. Sie hatten alle ernsthafte Gesichter, und die Gespräche standen unter dem Zeichen des Opfers.
»Sie werden sich freuen, solche schöne, weiße Hemden zu bekommen«, sagten die Damen.
Mit dem Daumennagel die Säume glatt streichend, plauderte man von Englands Größe.
Je älter die Damen waren, desto blutdürstiger waren sie.
»Man macht viel zu viel Federlesen mit diesen Banditen, die unsere braven Tommies aus dem Hinterhalt niederknallen«, sagte eine alte, vornehme Dame neben Polly, »man müßte sie einfach aufgreifen und erschießen, damit sie merken, was es heißt, mit England anzubinden! Das sind überhaupt keine Menschen! Das sind wilde Tiere! Haben Sie gehört, daß sie die Brunnen vergiften? Nur unsere Leute sind immer fair, aber das sollten sie nicht, wenn es sich um solches Gesindel handelt! Finden Sie nicht, meine Liebe?«
»Unsere Leute«, seufzte eine noch Ältere mit einer großen Brille, »sollen so unerhört mutig ins Feuer gehen. Im größten der Kugelregen gehen sie vor wie auf dem Exerzierplatz. Es ist ihnen ganz gleichgültig, ob sie fallen oder nicht. Ein Zeitungskorrespondent hat Umfragen veranstaltet. Sie sagten alle dasselbe: auf uns kommt es nicht an, wenn nur England mit Stolz auf uns schauen kann.«
»Sie tun nur ihre Pflicht«, sagte die erste streng, »tun wir die unsere!«
Und sie nähten eifriger.
Zwei junge Mädchen begannen zu kichern. Sie bekamen feuerrote Gesichter und bemühten sich, einander nicht anzuschauen, da sie sonst losprusten mußten. Die Mütter wiesen sie ärgerlich zur Ruhe.
Eine etwa Zwanzigjährige sagte ruhig:
»Wenn man in der Zeitung liest, wie es draußen zugeht und dann an die hübschen jungen Leute in Soldatenuniform denkt, freut es einen gar nicht mehr.«
Die beiden jungen Mädchen prusteten los. Sie gaben den Kampf gegen ihre unernste Natur keinen Augenblick auf, sondern

schluckten wie Verzweifelte, zogen, während sich ihre Körper schüttelten vor Gelächter, tiefernste Grimassen und krümmten sich ganz zusammen vor Anstrengung, ernst zu bleiben.
Eine junge Frau kam ihnen zu Hilfe.
»Ich weiß nicht«, begann sie ein neues Gespräch, »wenn ich unsere braven Tommies sehe in ihren verschwitzten, durchgewetzten Uniformröcken und an die Schlachten und Strapazen denke, die sie durchgemacht haben, dann könnte ich sie direkt küssen, ohne Bad, so verschwitzt und blutig sie eben sind. Wirklich!«
Polly warf ihr einen flüchtigen Blick zu.
»Wie recht hat mein Vater«, dachte sie, während sie ihr rundes Gesicht tiefer über die Näharbeit beugte, »nach den Siegen muß man abgerissene, ärmliche und verwundete Soldaten auf den Bettel schicken, aber nach Niederlagen hübsche, die vor Sauberkeit glänzen. Das ist die ganze Kunst.«
Das Gespräch wandte sich den Liebesgaben zu.
Die Damen sandten kleine Pakete mit Rauchwaren, Schokolade und Briefchen ins Feld, alles in nette lila- und rosafarbene Schleifchen gebunden.
»Bei Aaron in der Millerstreet bekommt man am meisten Tabak für einen Schilling«, erzählte eines der Mädchen eifrig. »Er ist vielleicht nicht ganz so gut, aber sie wollen ja lieber mehr als guten, das sagen alle.«
Die Soldaten bedankten sich durch Briefe, die die Mädchen herumzeigten. Sie enthielten entzückende orthographische Fehler und waren sehr ideal gehalten.
»Schade, daß man nicht auch die Hemden und Socken selber mit Briefchen hinausschicken darf«, sagte das Mädchen, das in der Millerstreet kaufte, »das würde viel mehr Spaß machen.«
Plötzlich wandte sich die Alte mit der Brille an Polly und sagte mit wutzitternder Stimme:
»Wenn ich daran denke, daß dieses saubere englische Linnen sich vielleicht bald mit dem Blut eines britischen Jungen färbt, könnte ich mit eigener Hand solch einen Mörder niederschlagen.«
Polly sah erschreckt nach der alten Dame, deren vertrocknete Hand mit der Nadel in der Luft zitterte und deren Kinnlade kraftlos herabgefallen war.

Es wurde ihr schlecht und sie mußte hinausgehen.
Die Damen kümmerten sich um sie unter Ach- und Wehrufen.
»Sie ist in gesegneten Umständen«, flüsterte eine von ihnen den andern zu.
Als Polly wieder, noch ein wenig blaß, in die Stube kam und sich still zu dem Chor der nähenden Blutsäuferinnen setzte, sagte eine mit großen, sanften Kuhaugen:
»Hoffentlich wird es ein Junge! England braucht Männer!«
Dann wandte sich das Gespräch einer anderen Frage zu. Eine dicke Frau in einem geblümten Seidenkleid, deren Gatte, wie alle wußten, Admiral war, erzählte:
»Die Haltung der unteren Klassen ist bewundernswürdig. Ich bin noch in einem anderen Komitee, wo wir Charpie zupfen. Sie sollten auch mal hinsehen. Es ist ein sehr netter Kreis. Da kam am letzten Dienstag eine einfache Frau, man sah ihr ordentlich an, daß bei ihr zu Hause Schmalhans Küchenmeister ist, und gab ein sauber gewaschenes, immer wieder gestopftes Hemd ab. Mein Mann hat noch zwei, sagte sie, ich habe gelesen, daß es draußen so furchtbare Verwundungen gibt. Als ich es meinem Mann erzählte, sagte er: das ist eine britische Mutter! Von der könnte manche Herzogin noch zulernen!«
Sie blickte stolz in die Runde.
»Jeder an seinem Platz und jeder nach seinem Vermögen!« sagte die vornehme Greisin neben Polly abweisend.
Polly konnte ihrem Mann berichten, daß sie eine ganze Reihe Einladungen in vornehme Häuser erhalten hätte. Er war sehr zufrieden, daß er seine Bestände so gut los geworden war und ermunterte sie, weiterhin eifrig an der großen Hilfsaktion für die Britischen Krieger teilzunehmen.
(Aus dem Zweiten Buch, Kapitel IX; GBA 16, 190–193)

Nachwort

Entstehungssituation

Zwischen dem 27. September und dem 3. Oktober 1939 bringt Brecht seine »Chronik« erstmals zu Papier. Als er die letzte Szene niederschreibt, herrscht – von Deutschland ausgehend – seit fünf Wochen Krieg in Europa, der sogenannte Zweite Weltkrieg. Brecht hat nach rund sechs Jahren sein erstes Exilland Dänemark verlassen, lebt zu dieser Zeit in der Nähe von Stockholm, weiß vom deutsch-sowjetischen Nichtangriffspakt, unterschrieben am 23. August 1939, und fühlt sich auch in Schweden zunehmend unwohl und unsicher.

Inszenierungen

Zwei Jahre später, am 19. April 1941, zwei Monate vor dem deutschen Angriff auf die Sowjetunion (22. Juni), ist als erste Mutter Courage Therese Giehse auf der Bühne des Zürcher Schauspielhauses zu sehen. Rund ein Jahr nach dem Ende des Zweiten Weltkriegs ist es Lina Carstens, die die Rolle in der deutschen Erstaufführung in Konstanz (2. Juni 1946 an den Bodensee-Bühnen) spielt.

Am 11. Januar 1949 hat das Stück schließlich im sowjetischen Sektor Berlins seine Premiere, und zwar in Brechts eigener Inszenierung. Es ist das erste Beispiel, das er aussucht und mit dem sich der Stückeschreiber und Regisseur rund dreieinhalb Jahre nach dem Ende des Zweiten Weltkriegs dem Berliner Publikum präsentiert, dem Publikum einer Stadt, die er beschreibt als »eine Radierung Churchills nach einer Idee Hitlers« bzw. als den »Schutthaufen bei Potsdam« (GBA 27, 281).

In dieser Inszenierung ist Helene Weigel die Courage – und es wird ihre Rolle schlechthin: in Berlin, aber auch in Paris, in London und anderen Metropolen, und das, obwohl ursprünglich für sie die Rolle der stummen Kattrin vorgesehen war, um ihr während des Exils eine Möglichkeit zum Spielen zu eröffnen, was allerdings nicht verwirklicht werden konnte.

Als Brecht und Weigel 1948 nach Berlin zurückkehren, ist den Kulturpolitikern der Sowjetischen Besatzungszone durchaus daran gelegen, ein auch international einsetzbares Aushängeschild an sich zu binden. Man ist bereit, ein neues Ensemble zu finanzieren (der Auftrag zum Aufbau des Ensembles erfolgt am

18. Mai 1949) und eine Spielstätte zur Verfügung zu stellen (wenn es auch zunächst nur das Provisorium des Deutschen Theaters ist, da andere Gebäude nicht vorhanden sind).

Berliner Reaktionen

Aber es gibt auch die »Hardliner«, die die offizielle »Linie« ganz auf das Vorbild Sowjetunion festlegen möchten und z. B. die Diskussionen über realistische Literatur und realistisches Theater, die bereits in den Dreißigerjahren in der sogenannten Expressionismus-Debatte heftig geführt worden sind, neu aufleben lassen: Fritz Erpenbeck (1897–1975), seinerzeit neben Willi Bredel (1901–1964) Redakteur der Exil-Zeitschrift *Das Wort* in Moskau (die Herausgeber Brecht in Dänemark und Feuchtwanger in Südfrankreich verfügen kaum über Einflussmöglichkeiten), nun Chefredakteur von *Theater der Zeit*, wendet gegen Brecht die gleichen Begriffe an (»formalistisch«, »dekadent« usw.) wie seinerzeit Georg Lukács (1885–1971), als er bestimmte Autoren und ihre Werke als unrealistisch verurteilen wollte. Wenig später werden es dann der sowjetische Theaterpädagoge und Regisseur Konstantin Stanislawski (1863–1938) und sein »System« sein, das auch in der DDR als die einzig richtige Form des Theaterspiels festgelegt werden soll.

Brecht weiß, dass seine Vorstellungen vom epischen Theater demgegenüber keinen leichten Stand haben würden. Seinen Gegnern gelingt es jedoch nicht, dass ihm die einmal zugesagten Mittel – seien es die für das Ensemble, seien es die für den Umbau des Theaters am Schiffbauerdamm – wieder gestrichen werden. So rollt der Wagen der Courage weiter über die Berliner Bühne und 1949 auch in anderen Inszenierungen Ostdeutschlands über die Bühnen Annabergs, Dessaus, Erfurts und anderer Orte.

In den folgenden Jahrzehnten verliert das Stück nichts von seiner Aktualiät angesichts der Kriege in Korea, Vietnam, Israel, auf Zypern oder am Golf bzw. in Nordirland, im Baskengebiet oder auf dem Balkan.

Zeitbezüge

Die »nette Familie«, die da vorgestellt wird – Anna Fierling, genannt Mutter Courage, und die Kinder (der ältere Sohn Eilif Nojocki, der finnische Teufel, der einen Franzosen mit Spitzbart für seinen Vater hält, dessen Erzeuger aber Kolocki oder Mojocki hieß; der jüngere Sohn Fejos, der nach einem Ungarn »geraten« ist, obwohl er einen Schweizer zum Vater hat und deshalb auch Schweizerkas gerufen wird; die Tochter Kattrin Haupt, eine halbe Deutsche) –, diese bunte Figuren-Mischung zielt zwar zum einen gegen die nationalsozialistische Rassenpolitik. Zum anderen stehen die Figuren für einzelne Länder, die zur Entstehungszeit des Stücks bzw. unmittelbar zuvor versuchen, sich durch Neutralität »draußen zu halten«: Finnland z. B. sowohl gegenüber Deutschland als auch gegenüber der Sowjetunion (was nicht funktioniert, wie der Sowjetisch-Finnische Krieg 1939/40 zeigt), oder die Schweiz, die es tatsächlich schafft. Auf andere Art angesprochen wird das Thema Neutralität in der dritten Szene über den Schauplatz und die Aussage der Courage: »Die Polen hier in Polen hätten sich nicht einmischen sollen.« Am 1. September 1939 hat mit dem deutschen Überfall auf Polen der Zweite Weltkrieg begonnen, in der Propaganda wird er mit polnischen Übergriffen begründet, auf die man reagiert habe. Die Propaganda insgesamt – bis hin zu Vokabeln wie »Endsieg« – wird z. B. in der Figur des Feldpredigers aufs Korn genommen, der den »Glaubenskrieg« verteidigt und von sich sagt: »Ich predig, daß Ihnen Hören und Sehen vergeht« (70,2–3).

Aktualität

Dennoch: Was die Figuren sagen bzw. tun, ist keineswegs an die genannten Orte und die Spielzeit vor dreieinhalb Jahrhunderten gebunden. Mutter Courage wird zwar weiterhin im Dreißigjährigen Krieg agieren und verlieren, aber die Paralleln zu heute sind nach wie vor leicht zu ziehen. Das »kritische Volksstück« mit seiner offenen »Chronik«-Form hat seine »Heutigkeit« nicht eingebüßt (Hinck, 162). Die Botschaft – »[. . .] das alles ändert sich nie. – Es ändert sich doch, wenn wir nur wollen [. . .]« (Kaschnitz, 40) – ist an das Publikum gerichtet, während die Hauptfigur unbelehrt bleibt. Trotz all der schlechten Erfahrungen, die die Courage gemacht hat, ändert sich für sie nichts: »Holla, nehmts mich mit!«

Literatur

Die Quellenangaben zu den zitierten Brecht-Texten beziehen sich auf:
Bertolt Brecht, *Werke. Große kommentierte Berliner und Frankfurter Ausgabe (GBA)*, hg. v. Werner Hecht, Jan Knopf, Werner Mittenzwei und Klaus-Detlef Müller, Berlin und Weimar / Frankfurt a. M. 1988–1998 (genannt werden Bandnummer und Seitenzahlen bzw. die Brief-Nummern aus den Bänden 28–30).
Texte aus dem Bertolt-Brecht-Archiv (*BBA*) der Stiftung Archiv der Akademie der Künste in Berlin werden mit Mappennummer und Blattnummer nachgewiesen.

A. Drucke

Mutter Courage [Auszug], in: Weiskopf, F. C.: Unter fremden Himmeln. Ein Abriß der deutschen Literatur im Exil 1933–1947, Berlin (Ost) 1948, S. 120–123.
Mutter Courage und ihre Kinder, in: Versuche, Heft 9 (Versuche 20/21), Berlin / Frankfurt a. M. 1949, S. 7–78; Anmerkung (S. 79–82). 2. Aufl. 1950, S. 7–80; Anmerkungen (S. 81–83).
Mutter Courage und ihre Kinder, in: Stücke 7, Frankfurt a. M. 1957, S. 61–204.
Mutter Courage und ihre Kinder, Frankfurt a. M. 1964 (es 49); Gesamtauflage 1998: 2 752 000 Exemplare.
Mutter Courage und ihre Kinder, in: Gesammelte Werke. werkausgabe edition suhrkamp, Band 4, Frankfurt a. M., S. 1347–1443 (entspricht dem korrigierten Versuche-Druck, ²1950).
Mutter Courage und ihre Kinder. Eine Chronik aus dem Dreißigjährigen Krieg. Mit 45 Zeichnungen von Tadeusz Kulisiewicz, Frankfurt a. M. 1968. – Auch als Bibliothek Suhrkamp 710, Frankfurt a. M. 1980.
Mutter Courage und ihre Kinder. Historisch-kritische Ausgabe. Hg. v. Jan Esper Olsson, Frankfurt a. M. 1981. [Bietet im Paralleldruck den Urtext, den Ausgangstext der Inszenierung am Deutschen Theater 1948/49, den Text des Soufflierbuchs für die Neuinszenierung 1951 und den Text der Gesammelten Werke von 1967.]
Mutter Courage und ihre Kinder, in: GBA, Frankfurt a. M. / Berlin u. Weimar 1989, Band 6, S. 7–87, *377–409*.
Mutter Courage und ihre Kinder, in: Ausgewählte Werke. Jubiläumsausgabe zum 100. Geburtstag, Frankfurt a. M. 1997, Band 2, S. 111–190, *702–712*.

B. Materialien

Theaterarbeit. 6 Aufführungen des Berliner Ensembles. Hg. v. Berliner Ensemble, Helene Weigel, Dresden 1952, S. 227–284.

Couragemodell 1949. Mutter Courage und ihre Kinder. Text, Aufführungen, Anmerkungen. Hg. v. d. Deutschen Akademie der Künste. Drei Hefte in einer Mappe, Berlin/DDR 1958 [Auch in GBA 25, 169–398, *516–541*].

Materialien zu Brechts »Mutter Courage und ihre Kinder«. Zus.-gest. v. Werner Hecht, Frankfurt a. M. 1964 (es 50).

Brechts »Mutter Courage und ihre Kinder«. Hg. v. Klaus-Detlef Müller, Frankfurt a. M. 1982 (stm 2016).

C. Interpretationen

Merin, Peter [d. i. Oto Bihalji-Merin]: Das Werk des Bert Brecht, in: Internationale Literatur, Moskau, 5, 1935, H. 7, S. 79–97.

Dessau, Paul: Zur Courage-Musik, in: Theaterarbeit. 6 Aufführungen des Berliner Ensemble, Dresden 1952, S. 274–280 (Text auch in: Materialien zu Brechts »Mutter Courage und ihre Kinder«, Frankfurt a. M. 1964, S. 118–122; die Notenbeispiele des Erstdrucks sind nicht alle übernommen).

Mayer, Hans: Anmerkungen zu einer Szene aus »Mutter Courage«, in: Theaterarbeit. 6 Aufführungen des Berliner Ensemble, Dresden 1952, S. 249–253. Auch in: H. M.: Deutsche Literatur und Weltliteratur, Berlin 1957, S. 635–641. – H. M.: Anmerkungen zu Brecht, Frankfurt a. M. 1965 (es 143), S. 46–55.

Zwerenz, Gerhard: Aristotelische und Brechtsche Dramatik, Leipzig 1956 (Heft der Reihe »Wir diskutieren«). Nachdruck: Der Politische Zwerenz, Frankfurt a. M. 1975, S. 5–87.

Wirth, Andrzej: Über die stereometrische Struktur der Brechtschen Stücke, in: Sinn und Form, 1957, 2. Sonderheft Bertolt Brecht, S. 346–387. Auch in: Grimm, Reinhold (Hg.): Episches Theater, Köln / Berlin 1966.

Parmet, Simon: Die ursprüngliche Musik zur »Mutter Courage«. Meine Zusammenarbeit mit Brecht, in: Schweizerische Musikzeitung, 97, 1957, Nr. 12, 1.12.1957, S. 465–468.

Luthhardt, Theodor: Der Song als Schlüssel zur dramatischen Grundkonzeption in Bertolt Brecht »Mutter Courage und ihre Kinder«, in: Wiss. Zeitschrift der Friedrich Schiller-Universität Jena. Gesellschafts- u. sprachwiss. Reihe 7, 1957/58, S. 119–122.

Mennemeier, Franz Norbert: Brecht: »Mutter Courage und ihre Kinder«, in: Benno von Wiese (Hg.): Das deutsche Drama vom Barock bis zur Gegenwart. Interpretationen, Düsseldorf 1958, Band 2, S. 383–400.

Esslin, Martin: Brecht. Das Paradox des politischen Dichters, München 1970 (zuerst 1959), S. 290–300.

Hinck, Walter: Die Dramaturgie des späten Brecht, Göttingen 1959 (⁴1977), S. 43–45, 80–82 u. ö.

Dort, Bernard: Lecture de Brecht, Paris 1960, bes. S. 150ff.

Holthusen, Hans Egon: Versuch über Brecht, in: H. E. H.: Kritisches Verstehen. Neue Aufsätze zur Literatur, München 1961, S. 57–137.

Bentley, Eric: The Songs in »Mother Courage«, in: S. Burnshaw (Hg.): Varieties of Literary Experience, New York 1962, S. 45–74.

Hennenberg, Fritz: Dessau – Brecht. Musikalische Arbeiten, Berlin/DDR 1963, bes. S. 109–114.

Wiese, Benno von: Der Dramatiker Bertolt Brecht, in: B. v. W.: Zwischen Utopie und Wirklichkeit, Düsseldorf 1963, S. 254–275; bes. S. 265f.

Wölfel, Friedrich: Das Lied der Mutter Courage, in: Hirschenauer, R. / Weber, A. (Hg.): Wege zum Gedicht, München / Zürich 1963, S. 537–549.

Schäfer, Walter E.: War der Weg über die Lieder ein Umweg? Bertolt Brecht: »Mutter Courage und ihre Kinder«, in: Wirkendes Wort 14, 1964, S. 407–413.

Palitzsch, Peter: »Mutter Courage«, 20 Jahre danach. Arbeit an Brecht am Beispiel einer Aufführung, in: Theater heute 6, 1965, H. 1, S. 60–64.

Engberg, Harald: Brecht auf Fünen. Exil in Dänemark 1933–1939, Wuppertal 1974 (zuerst 1966), bes. S. 226–233.

Müller, Klaus-Detlef: Die Funktion der Geschichte im Werk Bertolt Brechts. Studien zum Verhältnis von Marxismus und Ästhetik, Tübingen 1967.

Jendreiek, Helmut: Bertolt Brecht. Drama der Veränderung, Düsseldorf 1969, bes. S. 153–208.

Hecht, Werner / Unseld, Siegfried (Hg.): Helene Weigel zu ehren, Frankfurt a. M. 1970.

Kaschnitz, Marie Luise: »Mutter Courage«, in: Insel-Almanach auf das Jahr 1971, Frankfurt a. M. 1970, S. 31–41. (Entstanden 1960 als Vortrag, Lehrstuhl für Poetik, Universität Frankfurt a. M.)

Engel, Erich: Aus der Arbeit des Regieseminars, in: E. E.: Schriften. Über Theater und Film, Berlin/DDR 1971, S. 144–157.

Lindtberg, Leopold: Persönliche Erinnerungen an Bertolt Brecht, in: L. L.: Reden und Aufsätze, Zürich / Freiburg 1972, S. 120–124.

Dumazeau, H.: »Mère Courage«. Brechts Analyse critique, Paris 1972.

Thole, Bernhard: Die »Gesänge« in den Stücken Bertolt Brechts, Göppingen 1973, S. 130–201.

Millfull, John: From Baal to Keuner. The »Second Optimism« of Bertolt Brecht, Bern / Frankfurt a. M. 1974, S. 128–138.

Wüthrich, Werner: Bertolt Brechts Aufnahme in der Schweiz 1923–1969. 2 Bde., Diss. Masch., Wien 1974, bes. S. 139–173, 204–210, 333–335.

Reisinger, A.: Bertolt Brechts »Mutter Courage und ihre Kinder«. Ein Beitrag zur Erkenntnis der ästhetischen Struktur des literarischen Kunstwerks. Diss. Masch., Wien 1974.

Wekwerth, Manfred: Schriften. Arbeit mit Brecht. Berlin/DDR 1975, S. 83–88.
Gersch, Wolfgang: Film bei Brecht. Bertolt Brechts praktische und theoretische Auseinandersetzung mit dem Film, Berlin/DDR 1975, bes. S. 268–293.
Knight, Kenneth: »Simplicissimus« und »Mutter Courage«, in: Daphnis 5, 1976, S. 699–705.
Ludwig, Karl-Heinz: Bertolt Brecht. Tätigkeit und Rezeption von der Rückkehr aus dem Exil bis zur Gründung der DDR, Kronberg 1976, S. 43–53.
Mittenzwei, Werner: Der Realismusstreit um Brecht. Grundriß zu einer Brecht-Rezeption in der DDR 1945–1975, in: W. M. (Hg.): Wer war Brecht? Wandlung und Entwicklung der Ansichten über Brecht im Spiegel von »Sinn und Form«, Berlin / West 1977. Darin: Die Kritikerschlacht um die »Mutter Courage«, S. 26–34. Auch: Berlin u. Weimar 1978, S. 36–48.
Wyss, Monika: Brecht in der Kritik, München 1977, S. 203–219.
Hill, Claude: Bertolt Brecht, München 1978, S. 107–114.
Knopf, Jan: Brecht-Handbuch. Theater, Stuttgart 1980, S. 181–195.
Obermayer, August: Die dramatische Funktion der Lieder in Brechts »Mutter Courage und ihre Kinder«, in: Festschrift for E. W. Herd, Dunedin 1980, S. 200–213.
Fenn, B.: Characterization of Women in the Plays of Bertolt Brecht, Frankfurt / Bern 1982.
Völker, Klaus: Brecht-Kommentar zum dramatischen Werk. Mitarbeit Hans-Jürgen Pullem, München 1983.
Hennenberg, Fritz (Hg.): Das große Brecht-Liederbuch. 3 Bde., Berlin/DDR und Frankfurt a. M. 1984. Auch als suhrkamp taschenbuch 1216, bes. S. 157–167 (Noten zu: *Lied der Mutter Courage*, *Lied von der großen Kapitulation*, *Lied des Pfeifenpieter*), S. 427–435 (Erläuterungen).
Hinck, Walter: »Mutter Courage und ihre Kinder«: Ein kritisches Volksstück, in: Walter Hinderer (Hg.): Brechts Dramen. Neue Interpretationen, Stuttgart 1984, S. 162–177.
Müller, Klaus-Detlef (Hg.): Bertolt Brecht. Epoche – Werk – Wirkung. Von Jörg-Wilhelm Joost, Klaus-Detlef Müller u. Michael Voges, München 1985, bes. S. 280–284.
Dümling, Albrecht: Laßt euch nicht verführen. Brecht und die Musik, München 1985, bes. S. 552–558.
Neureuter, Hans Peter: Brecht in Finnland, Studien zu Leben und Werk 1940–1941. 2 Teile. (Habil. masch.) Regensburg 1987 [Mit zahlreichen Dokumenten aus den Archiven der Königlichen Bibliothek Stockholm (KBS)].
Lucchesi, Joachim / Shull, Ronald K.: Musik bei Brecht, Berlin/DDR und Frankfurt a. M. 1988, bes. S. 699–716.
Funke, Christoph: Zum Theater Brechts. Kritiken, Berichte, Beschreibungen aus drei Jahrzehnten. Berlin 1990, bes. S. 141–153.

Eddershaw, Margaret: Echt Brecht? »Mother Courage« at the Citizens (effects of a star on a strong tradition of Brechtian playing), in: New Theatre Quarterly, Nr. 28, November 1991, S. 303–314.
Olsson, Jan Esper: Mutter Courage auf der Bühne, Stockholm 1996.
Hecht, Werner: Brecht Chronik 1898–1956, Frankfurt a. M. 1997.
Hecht, Werner (Hg.), alles was Brecht ist . . . Ein Brecht-Medienhandbuch, Frankfurt a. M. 1997, S. 99–107, 279.
Mayer, Hans: Erinnerung an Brecht, Frankfurt a. M. 1996, S. 48–63
Mayer, Hans: Brecht, Frankfurt a. M. 1996.
Fowler, Kenneth R.: The Mother of all wars. A critical interpretation of Bertolt Brecht's »Mutter Courage und ihre Kinder«, Montreal 1997
Neubauer, Martin: Bertolt Brecht. Mutter Courage und ihre Kinder, München 1997 (Mentor Lektüre. Durchblick, 326).
Berg, Günter / Jeske, Wolfgang: Bertolt Brecht, Stuttgart / Weimar 1998.
Schenk, Ralf: Die gescheiterte Courage. Notizen zur Werkgeschichte eines großen Filmprojekts von Bertolt Brecht und Wolfgang Staudte, in: film-dienst, Köln, 51, 1998, H. 3, S. 5–7.

D. Rezeption

1. Zur Uraufführung im Zürcher Schauspielhaus am 19. April 1941:

Welti, Jakob Rudolf, in: Neue Zürcher Zeitung, 21.4.1941.
Wolff, Werner, in: Basler Nachrichten, 21.4.1941.

2. Zur Berliner Erstaufführung im Deutschen Theater am 11. Januar 1949:

Hurwicz, Angelika: Was ist dramatisch? Eine Entgegnung auf Fritz Erpenbecks Bemerkungen zu »Mutter Courage«, in: Die Weltbühne, Berlin, 1949, S. 180–182.
Harich, Wolfgang: »Trotz fortschrittlichen Wollens. . .«. Ein Diskussionsbeitrag, in: Die Weltbühne, Berlin, 1949, S. 215–219.
Erpenbeck, Fritz: Polemik statt Diskussion, in: Die Weltbühne, Berlin, 1949, S. 325–328.
Hurwicz, Angelika: Einige couragierte Mitteilungen über »Mutter Courage«, in: Theater der Welt. Ein Almanach, hg. v. Herbert Ihering, Berlin 1949, S. 80–83.

7.2 **Chronik**: Zur Gattungsbezeichnung sagt Brecht im Januar 1949 im Zusammenhang mit der Berliner Inszenierung: »[...] die Bezeichnung Chronik entspricht gattungsmäßig etwa der Bezeichnung History in der elisabethanischen Dramatik. [...] Nötig ist freilich, daß Chroniken Tatsächliches enthalten, d. h. realistisch sind« (Friedrich Wolf – Bert Brecht, *Formprobleme des Theaters aus neuem Inhalt. Ein Zwiegespräch*; GBA 23, 109).

7.2 **Dreißigjährigen Krieg**: Er dauert in verschiedenen Phasen und in verschiedenen Regionen Europas von 1618 bis 1648 (vgl. die Zeittafel, S. 107).

8.1 **Elisabeth Hauptmann**: Die Angabe bezieht sich auf ihre Betreuung der Edition des Stücks im Jahre 1949: *Versuche*, Heft 9.

8.2 **Courage**: Vgl. Hans Jakob Christoffel von Grimmelshausen (1621–1676): »Trutz Simplex: Oder Ausführliche und wunderseltzame Lebens- / beschreibung Der Ertzbetrügerin und Landstörtzerin Courasche [...].« – Der simplicianische Roman mit dem typisch barocken Langtitel erscheint erstmals 1670 in Nürnberg. In ihm wird der Abstieg der unehelichen Grafentochter zur »Fürstin« der Zigeuner in der Zeit des Dreißigjährigen Kriegs beschrieben. Erstmals ist eine Frau die Hauptfigur. Brecht übernimmt insbesondere den Namen für die Titelfigur; darüber hinaus kann der Roman aber nicht als Quelle gelten (die Courasche Grimmelshausens ist z. B. keine Mutter). – Vgl. auch 11,20–24 und 68,8.

8.3–4 **vor dem Ausbruch des zweiten Weltkrieges**: Diese Angabe zur Entstehungszeit stimmt mit den ermittelbaren Daten nicht überein; der Krieg beginnt am 1. September 1939, mit der Niederschrift des Stücks fängt Brecht erst am 27. September an (vgl. S. 110).

8.4 **20. Versuch**: Die ihm jeweils wichtigsten seiner Texte hat Brecht zunächst zwischen 1930 und 1932 beim Kiepenheuer Verlag, ab 1949 bzw. 1950 beim Suhrkamp bzw. beim Aufbau-Verlag, Berlin/DDR, in Heften mit dem Titel *Versuche* zusammengestellt (insgesamt 15 Hefte); jeden Text bzw. mehrere thematisch zusammenhängende Texte hat er ebenfalls als Versuch bezeichnet und durchnummeriert. *Mutter Courage und ihre Kinder* ist der 20. Text innerhalb dieser ersten von Brecht selbst angelegten Auswahlausgabe seiner Werke.

Paul Dessau: Nachdem 1940 zunächst Hilding Rosenberg 8.5
(1892–1985) die Vertonung der Songs übernehmen soll, schreibt dann im gleichen Jahr Simon Parmet (1897–1969) mehrere Melodien. Unabhängig davon komponiert 1941 in Zürich Paul Burkhard (1911–1977) die Musik für die Uraufführung. 1946 entsteht in den USA Paul Dessaus (1894–1979) Musik, die seitdem verbindlich ist.

Feldhauptmann Oxenstjerna: Axel Graf Oxenstjerna (1583– 9.2
1654) ist ab 1612 schwedischer Reichskanzler und ab 1621 an den Feldzügen Schwedens unter Gustav II. Adolf (1594–1632) gegen Polen beteiligt. 1629 schließt er mit Polen ein Waffenstillstandsabkommen; Livland geht in schwedischen Besitz über. Nach dem Tod des Königs zeichnet er für die schwedische Politik in Deutschland verantwortlich.

Dalarne: Dalarna heißt die Landschaft um den Siljan-See nord- 9.3
westlich von Stockholm; sie ist in der schwedischen Geschichte insofern von Bedeutung, als sich die Schweden unter Gustav I. Wasa 1520 von Dalarna aus erfolgreich gegen die bis dahin bestehende dänische Fremdherrschaft zur Wehr setzen.

Feldzug in Polen: Der schwedisch-polnische Krieg dauert von 9.3
1621 bis 1629 und ist Teil der Zwiste im schwedischen Königshaus unten den Nachfahren Gustav I. Wasas (1496/97–1560). Wasas Sohn Johann III. (1537–1592) läßt im Jahre 1587 seinen Sohn Sigismund (1566–1632) als Sigismund III. zum polnischen König wählen. Er ist katholisch wegen des Bekenntnisses der Mutter. Nach dem Tod Johanns III. wird der katholische Sigismund III. auch König Schwedens mit lutherischer Staatsreligion. Der Streit um die Regierungsführung mit seinem evangelischen Onkel Karl von Södermanland (1550–1611) führt im Jahre 1600 zur Absetzung Sigismunds als schwedischem König. Karl von Södermanland wird 1604 als Karl IX. gekrönt. Sein Nachfolger, der Sohn Gustav II. Adolf, will 1620 auch von Sigismund (der polnischer König geblieben ist) als schwedischer König anerkannt werden; als dieser ablehnt, dringen schwedische Trup-

pen in Livland (Hauptstadt: Riga) ein, 1626 auch in Preußen. 1629 kommt es zum Waffenstillstand von Altmark): Livland (heute teils Estland, teils Lettland) und die preußischen Küstengebiete werden schwedisch.

11.16 **Zweites Finnisches Regiment.**: Das Großfürstentum Finnland gehört im 17. Jahrhundert zu Schweden; finnische Soldaten zählen also zum schwedischen Heer.

11.23–24 **Geschützfeuer von Riga**: Die Hauptstadt von Livland wird 1621 von Gustav Adolfs Heer erobert.

13.30 **Jakob Ochs und Esau Ochs**: Esau und Jakob heißen die sich verfeindenden Zwillinge des alttestamentarischen Patriarchen Isaak und seiner Frau Rebecca (vgl. 1. Mose 25,20–34).

17.14 **fromm zugeht im schwedischen Lager**: Die strenge Disziplin im schwedischen Heer ist religiös begründet.

17.22 **Freudental**: Umkehrung der Beschreibung der Welt als »Jammertal« (seit dem Barock).

17.29–30 **unglückliche Mutter, ich schmerzensreiche Gebärerin**: Vor allem in der bildenden Kunst gibt es das Motiv der mater dolorosa (lat. Schmerzensmutter) für die Darstellung von Maria, die an den Leiden ihres Sohnes Jesus teilnimmt.

18.33 **stumm geboren**: Hier als Schutzbehauptung angeführt; Kattrin ist erst seit einer Misshandlung während des Krieges stumm (vgl. 72,28–30).

19.20 **Handgeld**: Zusätzliche Zahlung eines kleineren Betrages bei einem Vertragsabschluß. Im Dreißigjährigen Krieg das Werbungsgeld, das die Söldner erhalten.

21.4 **Festung Wallhof**: Südöstlich von Riga bei dem Dorf Wallhofen gelegene Anlage. Die schwedischen Truppen unter Gustav Adolf besiegen dort am 7.1.1626 das polnische Heer unter Fürst Sapieha.

23.1–2 **Glaubenskrieg**: Ideologische Behauptung; es geht vor allem um weltliche Macht.

25.19–20 **unser Herr hat [...] herzaubern können**: Anspielung auf die wunderbare Brotvermehrung; 5000 Mann werden von fünf Broten und zwei Fischen satt und sammeln anschließend noch zwölf Körbe mit Resten ein (Matthäus 14,15–21).

25.21–22 **daß man seinen Nächsten liebt**: Eines der alttestamentarischen Zehn Gebote: »Du sollst deinen Nächsten lieben wie dich selbst« (3. Mose 19,18; vgl. auch Matthäus 22,39).

Pharisäer: Unter den jüdischen Schriftgelehrten diejenigen, die 25.25
auf der peinlich genauen Beachtung der mosaischen Gesetze bedacht sind. Im übertragenen Sinn steht der Begriff für Scheinheiligkeit. Ein Pharisäer versucht Jesus z. B. mit der Frage nach dem vornehmsten Gebot der Gesetze; Jesus nennt die Liebe zu Gott und gleichrangig die Liebe zum Nächsten (Matthäus 22,35–40).

Was du dem geringsten [. . .] getan?: Vgl. Matthäus 25,40. 25.28–29

ein junger Cäsar: Im Sinne von Draufgänger. Vgl. auch die 26.1
Kühnheit Cäsars im *Salomon-Song* (90,32–91,6).

Herkulesse: Herkules (lat.) bzw. Herakles (griech.), Sohn von 26.25
Zeus und Alkmene, der Held der griechischen Sage schlechthin, steht für außergewöhnliche physische Kraft (Bezwingung von Löwen, Schlangen, Stieren usw., Reinigung der Augias-Ställe).

In einem guten Land brauchts keine Tugenden: Vgl. den Ausruf 26.31
Andreas: »Unglücklich das Land, das keine Helden hat!« Galilei reagiert mit der Feststellung: »Nein. Unglücklich das Land, das Helden nötig hat« (*Leben des Galilei*, Fassung 1938/39, Szene 12, bzw. Fassung 1955/56, Szene 13; GBA 5, 93 bzw. 274).

Das Lied vom Weib und dem Soldaten: Es ist um 1921/22 ent- 27.3
standen und 1927 als *Die Ballade von dem Soldaten* mit sieben Strophen in die Gedichtsammlung *Bertolt Brechts Hauspostille* aufgenommen worden (Dritte Lektion). Es geht zurück auf ein Lied von Rudyard Kipling (1865–1936) in dessen Kurzgeschichte *Love-O'Woman* (dt.: *Frauenlieb*). Für *Mutter Courage* benutzt Brecht die ersten vier Strophen (mit kleinen Textänderungen), zieht diese zu zwei Strophen zusammen und gibt ihnen den neuen Titel.

Flandern: Landschaft an der französischen, belgischen und nie- 31.20
derländischen Nordseeküste. Aus Flandern sein bedeutet in übertragenem Sinn: unbeständig in der Liebe.

Lied vom Fraternisieren: Es entsteht 1946, als Paul Dessau die 31.29
Musik für die Lieder im Stück komponiert; in der ursprünglichen Fassung des Stücks von 1941 sollte an dieser Stelle das *Lied vom Pfeif- und Trommelhenny* gesungen werden.

Die Liebe [. . .] War eine Himmelsmacht.: Anspielung auf den 32.16–17
Refrain eines Duetts (»Wer uns getraut . . .«) aus der Operette *Der Zigeunerbaron* (1885; 2. Akt) von Johann Strauß (Sohn, 1825–1899).

34.33–34 **Die Polen [. . .] nicht einmischen sollen.**: Anspielung auf die Ereignisse während des Dreißigjährigen Krieges, aber auch auf die Zeitgeschichte, auf das Jahr 1939, als mit dem deutschen Überfall auf Polen der Zweite Weltkrieg beginnt. Das Thema Nichteinmischung bzw. der Abschluß von Nichtangriffspakten z. B. mit Dänemark und Norwegen im Jahre 1939 ist für Brecht selbst der ausschlaggebende Grund, seinen Exilort in Dänemark zu verlassen und nach Schweden überzusiedeln. Vgl. auch seine Einakter aus dieser Zeit *Dansen* und *Was kostet das Eisen?* (GBA 5, 291–308 und 309–327).

34.35 **mit Roß und Mann und Wagen**: Beginn eines Liedes mit dem Titel *Fluchtlied* (»Mit Mann und Roß und Wagen / So hat sie Gott geschlagen. . .«), das von Ferdinand August stammen und erstmals 1813 in Riga verbreitet worden sein soll. Als Lied der Sieger wird es auch zu Beginn des Zweiten Weltkriegs verwendet.

35.8 **Kaiser**: Ferdinand II. von Habsburg. Sein Ziel im Dreißigjährigen Krieg ist die Vorherrschaft Österreichs in Mitteleuropa.

35.15 **Salzsteuer**: Sie ist ein Beispiel von Verbrauchssteuer, die insbesondere die Armen trifft. In Deutschland erst 1926 abgeschafft, wird sie im Januar 1932 in der ersten Notverordnung der Regierung Papen wieder eingeführt. Vgl. auch Brechts Stück *Die Rundköpfe und die Spitzköpfe*, in dem die Salzsteuer eine Rolle spielt (GBA 4).

36.1 **Schließlich essen Sie sein Brot.**: Vgl. das Sprichwort: »Wes Brot ich esse, des Lied ich singe.«

36.14 **Hie gut evangelisch allewege.**: Vgl. den Wahlspruch der Württemberger im 16. Jahrhundert: »Hie gut Würtemberg alleweg.«

37.27 **Babylonische**: Vgl. die Hure Babylon in der Offenbarung des Johannes (17,1–18): »Die große Babylon, die Mutter der Hurerei und aller Greuel auf Erden« (17,5).

38.19–20 **Sein Licht [. . .] Scheffel stellen**: Abgeleitet von Matthäus 5,15: »Man zündet auch nicht ein Licht an und setzt es unter einen Scheffel, sondern auf einen Leuchter; so leuchtet es allen, die im Hause sind.« Scheffel ist ein altes Hohlmaß.

39.18–19 **Wes das Herz [. . .] das Maul über**: Vgl. Matthäus 12,34: »Wes das Herz voll ist, des geht der Mund über.« Auch Lukas 6,45.

39.23 **Wir sind eben jetzt in Gottes Hand.**: Vgl. die gleiche Pointe in Brechts Stück *Schweyk* (Szene 8; GBA 7, 241).

Antichrist: Der vom Teufel in der Endzeit geschickte Gegner 39.28
Jesu (vgl. die Offenbarung des Johannes).

im Livländischen: Vgl. die Erläuterung zu 9,3. 40.13

sie haben Anspruch [. . .] keinen Schritt machen.: Wenn kein 40.26–28
Sold mehr gezahlt wird, können die Landsknechte während des Dreißigjährigen Krieges in andere Dienste treten.

Hoffart: Eitelkeit. Möglicherweise versehentlich stehen geblie- 41.31
ben; nur in der ersten Szene der ersten Fassung ist sie als hoffärtig bezeichnet worden und nicht als gutmütig.

Stein in Dalarne: Vgl. die Erläuterung zu 9,3 und den Titel zur 41.34
elften Szene: »Der Stein beginnt zu reden« (95,3).

Horenlied: Das Stundenlied entsteht 1946. Grundlage ist das 45.24
Kirchenlied *Christus, der uns selig macht* von Michael Weiße (um 1520). Brecht entnimmt es Philipp Wackernagels Sammlung *Das deutsche Kirchenlied von der ältesten Zeit bis zum Anfang des XVII. Jahrhunderts* (1870) und behält die altertümlichen Wendungen bei (»umb«, »zurrissen« usw.).

Jesus am Ölberg: Anspielung auf die Todesangst Jesu. Vgl. 50.9
Matthäus 26,31ff.

Die Bestechlichkeit ist [. . .] beim lieben Gott die Barmherzig- 50.15–17
keit.: Vgl. die Figur des Richter Azdak in Brechts Stück *Der kaukasische Kreidekreis* (GBA 6) bzw. die des fränkischen Richters in der Erzählung *Der Augsburger Kreidekreis* (GBA 18).

Mutter Courage ... schüttelt den Kopf.: Anspielung auf die 53.9–10
dreimalige Verleugnung von Jesus durch Petrus, die Jesus beim Abendmahl voraussagt (Matthäus 26,34 und 26,69–75).

Schindanger: Platz, auf dem der Schinder (Abdecker) toten und 53.10
sonst unbrauchbaren Tieren die Haut abzieht (Felle, Leder), bevor sie vergraben werden.

Stock: Straf- und Folterinstrument, in das der (auch vermeint- 54.26
liche) Verbrecher mit Kopf, Händen und Füßen eingespannt wird.

im Sitzen gibts kein Aufruhr: Ein bei Brecht beliebtes Motiv. In 56.34
seinem zweiten Stück, *Trommeln in der Nacht* von 1922, heißt es: »Im Sitzen gibt es kein Pathos« (GBA 1, 194). Und: »Kragler, die Weltgeschichte wäre anders, wenn die Menschheit mehr auf dem Hintern säße!« (GBA 1, 199)

Glückes Schmied: Geht nach der Sallust (86–35 v. Chr.) zuge- 57.16

schriebenen Schrift *De re publica ordinanda* auf den römischen Konsul (307 v. Chr.) Appius Claudius zurück.

57.25 **Der Mensch denkt: Gott lenkt**: Das Sprichwort »Der Mensch denkt, Gott lenkt« geht zurück auf die Sprüche Salomons: »Des Menschen Herz erdenkt sich seinen Weg; aber der Herr allein lenkt seinen Schritt« (16,9). Die Ersetzung des Kommas durch den Doppelpunkt macht aus der Aufzählung eine (fälschliche) Vermutung.

58.33 **Leck mich am Arsch!**: Vgl. Goethe, *Götz von Berlichingen* (Erste Fassung, Dritter Aufzug, [17.] Szene *Jaxth*. Zweite Fassung, Dritter Act, [17.] Szene *Jaxthaussen*).

60.6 **Tillys Sieg bei Magdeburg**: Johann Tserclaes Graf von Tilly, seit 1630 Oberbefehlshaber der kaiserlichen Truppen, versucht mit der Erstürmung von Magdeburg im Mai 1631 ein weiteres Vordringen des schwedischen Heers unter Gustav Adolf nach Mitteldeutschland zu verhindern, wird jedoch am 17. September des Jahres in Breitenfeld (bei Leipzig) geschlagen.

60.17–18 **zum Plündern freigegeben**: Die gängige Praxis im Dreißigjährigen Krieg steht unter dem Motto »Der Krieg ernährt den Krieg«.

61.25 **Meine Hemden!**: Vgl. Brechts Einakter *Die Gewehre der Frau Carrar* (GBA 4): Teresa Carrar stellt aber Hemden als Verbandsmaterial freiwillig zur Verfügung.

63.3–4 **Begräbnis des gefallenen kaiserlichen Feldhauptmanns Tilly**: In der Schlacht bei Rain am Lech (nördlich von Augsburg) wird Tilly beim Versuch, die Schweden an der Überquerung des Flusses und damit dem Einmarsch in Bayern zu hindern, im April 1632 schwer verwundet und stirbt am 30. April in Ingolstadt.

70.1 **Endsieg**: In früheren Fassungen: Sieg. Endsieg ist ein Begriff der nationalsozialistischen Propaganda.

72.1–4 **Das ist wie [. . .] ihres Lebens freun.**: Das Gleichnis vom Leiden der Brauchbarkeit geht zurück auf den chinesischen Philosophen Dschuang-Dsi (*Das wahre Buch vom südlichen Blütenland*, dt. v. Richard Wilhelm, Jena 1912). Brecht benutzt es auch in seinem Stück *Der gute Mensch von Sezuan*: Der Wasserverkäufer Wang zitiert es dort im *Zwischenspiel* zwischen Szene 6 und Szene 7 (GBA 6, 241).

74.2–3 **Im selben Jahr [. . .] Schlacht bei Lützen.**: Nach einem Sieg über

Wallenstein stirbt Gustav Adolf in der Schlacht bei Lützen (nahe Leipzig) am 16. November 1632. Neuer Anführer der schwedischen Truppen wird Kanzler Axel Graf Oxenstjerna (vgl. die Erläuterung zu 9,2).

Schmalger: Wortschöpfung Brechts. Vermutlich gebildet nach 76.35
bairisch schmalgen: Speisen durcheinander mengen, unreinlich kochen, sich beim Essen besudeln. Bei der Neuinszenierung im Jahre 1951 geändert in: »Aufschneider und Schmierlapp«.

Gottes Mühlen mahlen langsam.: Geht zurück auf das Gedicht 82.17
Göttliche Rache des schlesischen Barockautors Friedrich von Logau (1604–1655), der seine Texte unter dem Pseudonym Salomon von Golaw veröffentlicht: *Salomons von Golaws Deutscher Sinn-Gedichte Drey Tausend* (Breslau 1654).

Picketten: Vermutlich herzuleiten von Pike, dem Langspieß 83.6–7
beim Fußvolk in den Heeren des 16. und 17. Jahrhunderts.

Im Sächsischen [. . .] bei Raubüberfäll erwischt.: Die Beispiele 88.5–12
hat Brecht nicht erfunden. Bei den Unterlagen zum Stück, die im Brecht-Archiv aufbewahrt werden, gibt es eine Abschrift einer entsprechenden Passage aus *Ullsteins Weltgeschichte* (Berlin 1907).

Lied von Salomon [. . .] große Geister: Brecht schreibt das Lied 90.10–11
zuerst 1928 für *Die Dreigroschenoper* mit dem Titel *Salomo-Song*; es besteht dort aus fünf Strophen über Salomo, Kleopatra, Cäsar, Brecht und Macheath. Die Vertonung des Songs wie der gesamten Oper stammt von Kurt Weill (1900–1950). Als Brecht 1929 die Broschüre *Die Songs der Dreigroschenoper* zusammenstellt, nennt er das Lied *Die Ballade von den Prominenten* und zieht die beiden Strophen über sich und Macheath zu einer Strophe zusammen. In *Mutter Courage* setzt er wiederum die Strophen über Salomon und Cäsar ein und ergänzt die neuen Strophen uber Sokrates und über die »ordentlichen Leut«, die über den heiligen Martin fügt er erst 1948 zusätzlich ein. Die Musik steuert hier Paul Dessau bei.

sah, daß alles eitel war: »Es ist alles ganz eitel, sprach der Pre- 90.18
diger, es ist alles ganz eitel« (Prediger Salomo 1,2). »Eitel« hier im Sinne von: wohlgeordnet.

Auch du, mein Sohn!: Der antike Geschichtsschreiber Sueton 91.2
(um 70 – um 140) zitiert in seiner Biographien-Sammlung *De*

vita Caesarum (dt.: *Die zwölf Cäsaren*, Berlin 1922) im 82. Kapitel der *Cäsar*-Biographie den Ausspruch: »Auch du, mein Sohn?« Cäsar soll dies zu seinem früheren Vertrauten Marcus Junius Brutus (85–42 v. Chr.) gesagt haben, als er ihn unter den Personen entdeckt, die ihn umbringen wollen. Brecht kennt Beschreibungen wie die Suetons durch seine ausgiebige Beschäftigung mit Cäsar: Zunächst plant er 1937 ein Stück *Die Geschäfte des Herrn Julius Caesar* (GBA 10, 790–823), das Fragment bleibt, anschließend, vor allem 1938/39, einen Roman mit gleichem Titel (GBA 17, 163–390), der ebenfalls nicht zu Ende geschrieben wird; 1942 entsteht das Filmszenario *Caesars letzte Tage* (GBA 20, 62–88), das er dann 1948 zu der Erzählung *Cäsar und sein Legionär* (GBA 18, 389–404) für seine Sammlung *Kalendergeschichten* umschreibt.

91.17 **Schierlingstrank**: Plato (427 – 347 v. Chr.) berichtet in *Phaidon*, dass Sokrates durch den Schierlingsbecher getötet worden ist. Die Tötung durch dieses Pflanzengift ist in der Antike eine Form der Hinrichtung gewesen. Vgl. auch Brechts Erzählung *Der verwundete Sokrates* (GBA 18, 410–425).

91.31 **bot seinen halben Mantel ihm an**: Der heilige Martin von Tour soll der Legende nach als Soldat vor der Stadt Amiens seinen Mantel (Umhang) zerteilt und eine Hälfte einem frierenden Bettler überlassen haben.

94.2 **Das ganze Jahr 1635**: Die schwedische Truppen haben sich nach der Niederlage bei Nördlingen im September 1634 nach Mitteldeutschland zurückgezogen.

94.10 **Uns hat eine Ros ergetzet**: Quelle ist vermutlich das Kirchenlied *Es ist ein Ros entsprungen* (überliefert durch das Speyerer Gesangbuch, Köln 1599). Als 1948 die Broschüre 7 *Lieder zu Mutter Courage und ihre Kinder* zusammengestellt wird (Berlin: Lied der Zeit) mit den Texten und den Noten Paul Dessaus, erhalten die Verse den Titel *Lied von der Bleibe*.

95.3 **Der Stein beginnt zu reden.**: Vgl. Lukas 19,40: »Wenn diese [die Jünger Jesu] schweigen werden, dann werden die Steine schreien.« Brecht äußert sich in einer Schrift, die ebenfalls den Titel hat *Der Stein beginnt zu reden*, ausführlich zu dieser Szene. Vgl. GBA 24,267–270.

95.8 **Fähnrich**: Im Bühnenmanuskript von 1941 heißt es dazu:

»Ohne Veränderung der Maske kann ferner der Soldat im dritten Bild, der junge Soldat im vierten und der Fähnrich im neunten Bild von ein und demselben Spieler gespielt werden.« Bei der Neueinstudierung von 1951 spielt der »aufmuckende Soldat der 4. Szene« den Fähnrich. »Die große Kapitulation hat diesen Menschen zu einem leeren, kalten und brutalen Offizier gemacht«, heißt es dazu im *Couragemodell 1949*.

Trommel: Sie gehört zu den Waren, die die Courage im Angebot 98.15
hat. Als sie in der sechsten Szene verteidigt werden müssen, wird Kattrin verunstaltet (vgl. 71,5–7).

Eia Popeia: Übernahme eines alten Volksliedes aus *Des Knaben* 102.9
Wunderhorn. Alte deutsche Lieder, gesammelt von Achim von Arnim (1781–1831) und Clemens Brentano (1778–1859), Teil 3, Heidelberg 1808. Es hat dort den Titel *Wiegenlied*.

Bertolt Brecht in der Suhrkamp BasisBibliothek

Leben des Galilei
Kommentar: Dieter Wöhrle
SBB 1. 191 Seiten

»Das hier annotierte gelungene Bändchen ist praktikabel, ohne in eine deutschdidaktische Reduktion zu verfallen. ... Das Konzept eines sehr brauchbaren Zurechtfinde-Buches liegt mit der Reihe Suhrkamp BasisBibliothek vor. Sie ist fürs Gymnasium, für die freie Theaterarbeit und Dramaturgie sowie fürs Studium empfehlenswert, da man die Lehrenden und Lernenden ernst nimmt.«
Dreigroschenheft

»Der Klassiker gehört in jeden gut sortierten Bücherschrank. ... Der Kommentar ist hilfreich, vor allem für Schüler und Studenten, die sich auf eine Arbeit zum Thema vorbereiten. Man findet eine Zeittabelle zum historischen Galilei, eine Zeittabelle zu Brechts Schaffen an diesem Schauspiel, eine knappe Theatergeschichte und eine Interpretation des Stücks. Hilfreich sind die Literaturhinweise und die Sacherläuterungen am Ende des Buches.« *History*

NF 336/1/1.02

NF 279/1/1.02

Adelbert von Chamisso. Peter Schlemihls wundersame Geschichte. Kommentar: Thomas Bitz und Lutz Hagestedt. SBB 37. 130 Seiten

Annette von Droste-Hülshoff. Die Judenbuche. Kommentar: Christian Begemann. SBB 14. 136 Seiten

Max Frisch. Andorra. Kommentar: Peter Michalzik. SBB 8. 180 Seiten

Max Frisch. Biedermann und die Brandstifter. Kommentar: Heribert Kuhn. SBB 24. 142 Seiten

Max Frisch. Homo faber. Kommentar: Walter Schmitz. SBB 3. 301 Seiten

Max Frisch. Wilhelm Tell für die Schule. Kommentar: Walter Obschlager. SBB 29. 150 Seiten

Johann Wolfgang Goethe. Götz von Berlichingen. Kommentar: Wilhelm Große. SBB 27. 243 Seiten

Johann Wolfgang Goethe. Die Leiden des jungen Werthers. Kommentar: Wilhelm Große. SBB 5. 222 Seiten

Grimms Märchen. Kommentar: Heinz Rölleke. SBB 6. 136 Seiten

Hermann Hesse. Demian. Kommentar: Heribert Kuhn. SBB 16. 233 Seiten

Hermann Hesse. Siddhartha. Kommentar: Heribert Kuhn. SBB 2. 192 Seiten

NF 279/2/1.02

Hermann Hesse. Der Steppenwolf. Kommentar: Heribert Kuhn. SBB 12. 306 Seiten

Hermann Hesse. Unterm Rad. Kommentar: Heribert Kuhn. SBB 34. 220 Seiten

E. T. A. Hoffmann. Das Fräulein von Scuderi. Kommentar: Barbara von Korff-Schmising. SBB 22. 149 Seiten

E. T. A. Hoffmann. Der goldene Topf. Kommentar: Peter Braun. SBB 31. 157 Seiten

Ödön von Horváth. Geschichten aus dem Wiener Wald. Kommentar: Dieter Wöhrle. SBB 26. 168 Seiten

Ödön von Horváth. Jugend ohne Gott. Kommentar: Elisabeth Tworek. SBB 7. 210 Seiten

Ödön von Horváth. Kasimir und Karoline. Kommentar: Dieter Wöhrle. SBB 28. 147 Seiten

Franz Kafka. Der Prozeß. Kommentar: Heribert Kuhn. SBB 18. 352 Seiten

Franz Kafka. Das Urteil und andere Erzählungen. Kommentar: Peter Höfle. SBB 36. 150 Seiten

Franz Kafka. Die Verwandlung. Kommentar: Heribert Kuhn. SBB 13. 134 Seiten

Rainer Maria Rilke. Die Aufzeichnungen des Malte Laurids Brigge. Kommentar: Hansgeorg Schmidt-Bergmann. SBB 17. 304 Seiten

NF 279/3/1.02

Friedrich Schiller. Kabale und Liebe. Kommentar: Wilhelm Große. SBB 10. 190 Seiten

Friedrich Schiller. Wilhelm Tell. Kommentar: Wilhelm Große. SBB 30. 200 Seiten

Arthur Schnitzler. Leutnant Gustl. Kommentar: Ursula Renner-Henke. SBB 33. 80 Seiten

Theodor Storm. Der Schimmelreiter. Kommentar: Heribert Kuhn. SBB 9. 190 Seiten

Martin Walser. Ein fliehendes Pferd. Kommentar: Helmuth Kiesel. SBB 35. 200 Seiten

Frank Wedekind. Frühlings Erwachen. Kommentar: Hansgeorg Schmidt-Bergmann. SBB 21. 148 Seiten

NF 279/4/1.02